사촌이 땅을 사면 배가 아프다

사촌이 땅을 사면 배가 아프다

발행일	2022년 11월 25일

지은이	이경호		
펴낸이	손형국		
펴낸곳	(주)북랩		
편집인	선일영	편집	정두철, 배진용, 김현아, 류휘석, 김가람
디자인	이현수, 김민하, 김영주, 안유경, 최성경	제작	박기성, 황동현, 구성우, 권태련
마케팅	김회란, 박진관		
출판등록	2004. 12. 1(제2012-000051호)		
주소	서울특별시 금천구 가산디지털 1로 168, 우림라이온스밸리 B동 B113~114호, C동 B101호		
홈페이지	www.book.co.kr		
전화번호	(02)2026-5777	팩스	(02)3159-9637

ISBN	979-11-6836-594-0 03330 (종이책)	979-11-6836-595-7 05330 (전자책)	

(주)북랩 성공출판의 파트너

북랩 홈페이지와 패밀리 사이트에서 다양한 출판 솔루션을 만나 보세요!

홈페이지 book.co.kr • **블로그** blog.naver.com/essaybook • **출판문의** book@book.co.kr

작가 연락처 문의 ▶ ask.book.co.kr

작가 연락처는 개인정보이므로 북랩에서 알려드릴 수 없습니다.

사촌이 땅을 사면 배가 아프다

이경호 지음

북랩

목차

머리말

'인생은 60대부터.'라고들 하나 나이가 이제 60이 넘어가면서 인생을 마무리하는 시점에서 인생 경험을 통해 정리된 마음을 전달하고 싶어 글을 쓰게 되었습니다.

멀리서 고생을 마다하고 필자의 원고 타이핑과 교정을 도와준 절친인 최철우에게 감사하고, 생활의 동력이 된 사랑하는 부인 전숙이, 아들 이수국, 이유강, 귀엽고 사랑스러운 손자 지욱, 서안이, 대를 이을 손자를 낳아준 며느리 이혜진, 현재의 필자가 있게끔 물심양면으로 도와주신 전동옥 회장님(장인어른)께, 그리고 일일이 나열하기 어렵지만 저에게 배려와 베품을 주신 모든 분에게 이 글을 바칩니다.

사촌이 땅을 사면 배가 아프다

서론

'사촌이 땅을 사면 배가 아프다.' 이 말은 우리 사회에 예전부터 뿌리 깊게 머릿속에 전해오는 말이다. 이것이 유교적 사상인지 아니면 우리 전통 의식(?)인지 모르지만, 이 말은 우리 사회와 국민 머릿속에서 지워져야 할 그리고 생각도 하지 말아야 할 속담(?) 표현이라고 생각한다. 지금까지 역사, 경제, 사회 속에 이러한 생각과 개념 때문에 대한민국 사회가 분열, 반감 등의 폐해가 심하다고 생각한다.

이와 반대로 서양 문화는 기독교와 천주교가 지배하는 문화 속에 '네 부모, 형제, 가족, 친구부터 도와라.' 하는 탈무드의 말과 상반되는 것이다.

필자가 캐나다에 이민하여 14년 정도 살다가 귀국하였는바, 거기서 느낀 점은 이 나라(캐나다) 사람들은 무슨 복을 받아 이렇게 환경이 좋고 자원이 많은 땅을 차지하여 자자손손 부유하게 행복한 생활을 할까 하고 고민 아닌 고민을 해봤다.

필자가 무슨 애국자라고 이런 생각을 했을까 하나, 그 나라가 너무 부러웠고 우리(국민)는 왜 그렇지 못하나 하는 깊은(?) 생각이었다. 그 답은 그 나라 사람들은 타인에 대한 배려와 장애인에 대한 배려가 우리(나라)보다 다르게 생각하고 있다고 결론 아닌 결론을 혼자 내렸다. 그래서 캐나다 사람들이 이러한 축복받은 땅을 차지해서 잘살고 있구나 하고 필자는 생각하였다.

그래서 '사촌이 땅을 사면 배가 아프다.'라는 말과 '네 부모, 형제 이웃부터 도와라.' 하는 개념(사고)은 상반된 입장으로 결과적으로는 큰 차이가 있는 것을 느끼게 되었다.

캐나다 사람들의 타인에 대한 배려와 장애인에 대한 태도(행동)는 우리와 비교할 때 진짜로 확연히 다르다고 생각한다. 그러면 우리 사회는 어떤가? 솔직히 말하면 그렇지 못하다고 생각한다. 왜 그런가? 앞서 말했지만 이러한 양 문화(생각) 차이라고 볼 수 있다.

1장

공정과 투명

한국과 외국의 공중도덕 비교

교육에 관하여 얘기해볼까 한다. 대한민국은 동방예의지국이라고 알고 있다. 캐나다 어린이들의 경우 공공장소에서 절대로 소란을 피우거나 남에게 피해가 가는 것을 하지 않는다. 그런데 대한민국은 어떠한가? 공공장소나 심지어 식당에서 자녀들이 소란을 피워도 저지하지 않는다. 이유인즉슨, 내 자식을 기죽일 수 없다는 것이다. 공중도덕을 지키는 것이 내 자식의 기를 죽이는 것인가? 한심한 사고다.

캐나다인들은 그런 경우 집에 가서 반드시 교육한다. 그래서 비교하건대 캐나다의 어린애들이 자원봉사에 관한 얘기도 하였지만, 훨씬 예의 바르고 공중도덕을 잘 지키고 어른을 공경하고 남을 배려하는 생각이 한국인보다 더 큰 것이다.

자녀 교육 얘기를 한마디 더 할까? 필자가 젊은 시절 회사에 다닐 때다. 그 당시 일본주재원으로 근무하고 일본에서 겪은 상황을 얘기해줬다. 한번은 한국인이 집을 구하러 일본인의 집을 방문하였는데 한국인 자녀가 마당에서 시끄럽게 뛰노는 것이다. 일본 주인이 그것을 보고 '이러니까 한국인들에게 집을 세놓을 수 없다.'라고 하는 것이다. 일본 사람들의 입장에서는 한국인들은 공중도덕을 도무지 지키지 않는다는 것이다.

필자가 외국 생활을 많이 하였지만, 외국에 가면 한국인들이 제일 먼저 배우는 외국의 단어가 빨리빨리라고 언급한 바 있다. 한국인들은 소수지

사촌이 땅을 사면 배가 아프다

만 그 주변 상황이 항상 시끄럽기에 사회문제가 자주 발생한다. 반면 일본인들은 한국인보다 더 많은 인구가 살지만, 소리 없이 조용하다. 사회적인 문제도 일으키지 않는다.

관광 상황도 한번 볼까? 한국인들은 술을 마시고 기분이 좋아져서 팁도 미화로 100불씩 쾌척한다. 미화 100불이면 캐나다인들도 사용할 때 벌벌 떤다고 할 정도인데 말이다. 한국인들은 기분 풀이를 한다고 할까, 주변은 아무 신경도 쓰지 않는다. 나만 만족하면 된다는 것이다.

비행기 얘기를 하나 더 할까? 어느 논고에서 읽은 상황이다. 기내에서 스튜어디스의 실수로 좋지 않은 상황이 일어났다. 그런데 마침 대상이 한국인이었다. 노발대발하며 소리를 지르고 다그쳤다고 한다. 그런데 만약 그런 상황에서 서양인들은 스튜어디스를 불러 조용하고 사려 깊게 얘기할 것이라고 한다. 일본인들은 한술 더 떠서 비행기 타고 귀가하여 항공사의 대표 앞으로 편지를 보낸다고 한다. 이런 상황을 우리가 어떻게 받아들이고 이해할 것인가 되돌아볼 문제다.

모든 상황에서 한국인이 잘못하고 있을까? 다른 장에서 말했듯이 한국인은 많은 장점이 있다. 그러나 더욱더 남을 배려하는 생각이 있다면 이러한 상황이 전개되지 않았을 것이다. 그렇다면 우리는 배려문화가 전혀 없는 것인가? 그렇지 않다. 실생활에서 우리가 경험하고 있지만 느끼지 못하고 있을 뿐이다.

독자들도 모두 어릴 때의 경험이 있을 것이다. 필자는 초등학교 시절 방학 때마다 외가(外家)에서 살았다. 방학이 끝나면 본가로 돌아왔다. 외가를 떠날 때마다 외할머니와 외할아버지 그리고 외고모할머니께서 용돈을 두둑하게 주셨다. 외삼촌이나 이모님 등이 좋아서 방학이면 기필코 외가에 갔는데 돌이켜보면 외가 식구들이 배려와 베풂을 주었다는 것이다. 그러면 외가의 사람들이 꼭 핏줄이어서 내게 용돈을 주었을까? 그럴 수도 있겠지만 외가 식구들의 입장에서 필자가 예쁘기도 하였겠지만 베풂과 배려의 생각이 있었다. 그래서 지금도 필자는 고향에 내려가면 외할아버지와 외할머니의 산소를 꼭 찾는다.

그런데 필자가 친할아버지의 기억을 떠올리면 친할아버지로부터 벌 받은 기억이 먼저 떠오른다. 물론, 친할아버지에게로부터 유산을 상속받았지만….

사촌이 땅을 사면 배가 아프다

사회의 공정과 투명성

과연 이 사회가 기회는 공정하고 과정은 투명하며 결과는 정의로운가?

사법 시스템을 한번 보자. 검사들의 권한이 막강하니 이것을 뺏어 다른 곳에 준다고 한다. 그런데 그것을 받는 사람이 부패하고 정의롭지 못하면 어떻게 할 것인가? 그 위의 책임자 또는 최고집권자가 직접 조사하고 기소할 것인가? 참으로 한심한 발상이고 논쟁이다.

물론, 사법부의 모든 공무원(판사, 검사)이 다 잘했다는 것은 아니다. 옛말에 '유전무죄, 무전유죄'라고 했다. 힘 있고 돈 있는 사람은 죄를 지어도 무죄판결이고 돈 없고 배경(백?) 없는 사람은 유죄라는 표현을 많이 들어 보았을 것이다.

옛날부터 그랬지만 그래서 지금 이러한 병폐를 고치자고 필자가 지금 글을 쓰고 있는 시점에서 '검수완박(검찰 수사권의 완전 박탈)'을 가지고 갑론을박하고 사회가 시끄럽다. 예전에도 불합리하고 불공정한 수사가 있어서 물론, 이런 말이 전해져 내려온 것이다. 현재 검수완박을 진행하고자 하는 것의 시발점이 필자가 보기에는 노무현 전 대통령의 논두렁 시계사건, 한명숙 전 국무총리의 뇌물 사건에서 비롯된 것으로 생각할 수 있다.

또한 죄 없는 사람들이 감옥에 가는 경우도 많이 발생한다. 죄가 없는 것을 만들어서 억지로 뒤집어씌웠다면 진실이 무엇인지 알 수는 없지만 정말 아니다.

검수완박을 주장하는 쪽에서 검찰의 수사권을 박탈하고자 하는 것이다. 일반 국민이 생각할 때 두 사건의 진실이 정말 무엇인지 아직도 의아해하는 상황이다. 그렇다고 앞에서 언급하였지만, 검찰의 수사권을 박탈하여 다른 조직에 넘기면 모두 해결될 것인가? 공무원이나 회사원들은 본인에게 월급을 주는 윗사람에게 충성할 수밖에 없는 상황이다. 즉, 생사여탈권(生死與奪權)을 쥐고 있기 때문에 윗사람의 지시를 따를 수밖에 없는 것이다. 동물도 그래서 주인에게 충성한다. 생사여탈권을 쥐고 있는데 공무원이 윗사람에게 어떻게 반기를 들 수 있겠는가? 시키는 대로 해야 할 것이다. 독자들도 이런 경우 어쩔 수가 없을 것이다. 그래서 일부 공무원은 소신껏 일하라고 임기제가 있는데 그러면 모든 분야의 공무원을 임기제 또는 선출제로 할 것인가? 이것 또한 불가능할 것이다.

지방자치단체를 한번 볼까? 제3공화국부터 야당인 민주당에서 아무리 애를 써도 정권을 잡지 못하였다. 그래서 당시의 야당 대권주자였던 김대중 전 대통령이 미국과 같은 지방자치제를 도입하였고 그 이면에는 한국의 중앙정부가 선거 때에 지방까지 영향력이 미치는 것을 방지하여 개선하고자 하는 마음이었을 것이다.

북미와 같이 땅이 넓은 나라는 서부에서 동부까지 자동차로 일주일 정도, 비행기로도 5~6시간이 걸리고 동시간대에 어느 지역은 해수욕을 즐기고 어느 지역은 눈 내리는 산을 보는 등 국토가 넓다. 그러다 보니 중앙정부의 행정력이 즉각 지방에까지 미치지 않고 환경 자체도 달라서 일찍부터 지방자치제가 정착되었다고 할 수가 있다.

다른 장에서도 몇 번을 언급하였지만 좋다고 하는 서양의 제도는 모두 받아들여 시행하고 있는데 국민의 의식이 문제다. 우리나라와 같이 작은 영토에서 전국이 차로 이동하는 시간이 많이 걸리지도 않고 같은 기후대인데 왜? 서양과 같은 지방자치제를 하고 있는지 돌이켜 생각하여 볼 필

사촌이 땅을 사면 배가 아프다

요가 있다.

제3공화국시절 한국적민주주의라는 말이 나왔는데 제도들도 한국의 실정에 맞는 것으로 적용해야 하고 국민의 의식도 중요하다는 말이다. 다른 장에서 구청청사를 말하였는지 모르겠지만 이전의 구청이나 시청은 허름한 건물에 공무원들이 일만 할 수 있는 정도이면 되었다. 지금은 자치단체장이 선거로 선출이 되고 임기가 보장되니 타인의 눈치를 볼 필요가 없이 예산을 마음대로 집행하는 상황이다.

만약, 본인의 주머니돈이라면 그렇게 할 수가 있겠는가 하는 말이다. 집기나 비품도 마찬가지다. 전임자가 사용하던 것을 그대로 물려받아 사용하면 되는데 무엇 때문에 예산을 낭비해가면서 멀쩡한 것을 버리고 새것으로 바꾸는지? 자치단체장을 선출직으로 하면 이러한 현상이 발생된다.

결국은 자유직업자에게 월급쟁이(공무원 포함)처럼 일하라고 하면 안 될 것이고 반대로 월급쟁이에게 자유직업자처럼 일하라고 하면 안 될 것이다. 회사원이 잘못하면 사장이 책임지고 사장이 잘못하면 주주가 사장을 교체하듯이 공무원이 잘못하면 그 뒤의 최고 책임자가 생사여탈권을 갖고 잘 통제하면 되는 것이며, 최고책임자가 잘못하면 국민이 선거로 판단하면 된다.

그러면 국민이 선거로 선출한 국회의원들은 어떻게 해야 하나? 이것도 뽑아준 국민이 해고할 수 있도록 해야 한다. 독자들의 생각이 다를 수도 있지만, 필자는 개인적인 생각을 단순한 논리로 말하는 것이다.

임명권자가 뽑아준, 우리가 선출한 공무원의 법적 안정성도 중요하지만 임명권자나 국민이 이런 사람들을 잘 통제하고 관리하는 것도 중요하다.

필자가 글을 쓰고 있는 순간에도 검수완박 문제로 여야가 시끄럽다. 책이 출판될 즈음에 문제가 해결되어 정리된 사안일지도 모르지만, 반대하는 당에서 지금 국민투표를 거론하고 있다.

다른 단락에서 말했지만, 정치가들이 이런 아전인수(我田引水) 격으로 국민이 원해서, 국민을 위해서 법을 만들고 진행한다고 항변하고 있다. 그런데 과연 국민의 머릿속과 마음속을 들여다봤느냐는 것이다. 사건만 발생하면 항상 국민팔이를 하고 있는데 과연 국민이 그렇게 생각하고 있느냐는 말이다. 그래서 반대쪽에서 국민투표를 하자고 제안을 하는데 찬성하는 쪽에서는 국민투표가 안 된다고 한다. 하면 하는 것이지 왜 무엇 때문에 국민투표가 안 된다는 말인가? 선거관리위원회에서도 안 된다고 한다. 그래서 집권 중에 헌법재판소의 판사나 대법원의 판사들을 자기 쪽의 사람으로 임명시켰는가? 하는 생각이 든다.

물론, 미국의 트럼프 대통령도 임기 말에 대법원판사 지명을 자기 쪽의 사람으로 임명시켰다. 정말 국민들을 위한다면 국민의 의사를 한번 물어봐도 되지 않는가 말이다.

필자는 보수도 진보도 아니고 야당과 여당의 어느 한쪽을 지지하는 정치에서 말하는 그런 골수분자가 아니다. 필부의 상식적인 생각에서 말하는 것이다. 정치권에서 자주 '내로남불'에 대한 얘기를 하는데 정말로 '내로남불'이란 얘기가 나오지 않을 수는 없는가? 이것은 타인에 대한 배려가 아닌, 자기 욕심만 부리는 것이 아닌가 한다.

이처럼 온 나라가 시끄러운 소모적 논쟁을 어떻게 해결해야 하나. 상식선에서 해결하면 된다.

필자가 일전에 택시를 타고 가면서 기사님과 대화를 나눈 적이 있다. 그분이 "정말로 상식과 정의가 통하는 세상에서 살고 싶다."라고 하였다. 이 말이 택시기사님만의 생각일까? 아니다, 국민의 대부분이 그렇게 생각하겠다고 판단된다.

배가 바다를 항해할 때 선장의 지시와 판단에 따라 배가 바다로 갈 수 있고 산으로도 갈 수가 있다. 회사는 이익이 나든 손실이 나든 사장의 책

사촌이 땅을 사면 배가 아프다

임이고 부하직원이 혹시 사장의 지시와 다르게 움직였다면 최고책임자인 사장은 감봉할 수도 있고 인사권을 이용하여 다룰 수 있다. 즉, 사장인 최고책임자가 생사여탈권을 가지고 있으니 직원들은 사장의 지시에 따라 일사불란하게 회사의 목표를 위해 일한다는 것이다. 그러면 사장이 회사를 잘못 경영하여 손실이 발생하거나 부도가 나면 어찌할까? 주식을 가지고 있는 주권자들이 주주총회에서 사장을 교체하는 것이다. 검찰과 일반 공무원들도 마찬가지이다. 누가 생사여탈권을 쥐고 있나요? 그 위의 최고책임자다. 물론, 공무원은 국민을 위해서 일한다고 하지만 최고책임자의 눈치를 보지 않을 수가 없는 것이다.

결국은 선원이든 회사원이든 공무원이든 간에 최고책임자의 눈치를 보며 지시에 따른다는 것이다. 그래서 최고책임자의 의식과 판단이 중요한 것이다. 그러면 국가의 최고책임자가 잘못하면 어찌할까? 주인인 국민이 선거로써 정확한 투표를 하면 된다. 부하직원들의 손과 발을 묶어 놓고 어떻게 열심히 일하란 말인가? 이것이 어찌 윗사람의 지시에 따라 열심히 일만 하는 조직원들만의 잘못인가? 상식선에서 해결하자는 말이다.

의사가 수술을 잘못하여 환자가 사망하면 의사의 수술 권한을 뺏을 것인가? 법조인(판사, 검사)이라면 머리도 좋고 실력도 있고, 취임할 때 국가의 녹을 먹는 공무원으로서 국가와 민족을 위해 헌신(봉사)한다고 다짐했을 것이다. 맡겨줬으면 제발 한번 믿어보자.

정치 분야는 어떤가? 여당과 야당은 서로 상대 당이 하는 것은 무조건 반대다. 국민을 위하여서 한다고 얘기하나 국민 누가 그렇게 생각하고 있는가? 다른 장에서 언급한 임진왜란의 예를 들었지만, 반대편은 무조건 반대 아닌 반대를 하고 있단 말이다. 그냥 잘하는지 지켜보고 물론, 잘못한 것은 비판과 함께 반대해야겠지만 무조건 반대를 위한 반대는 아니라는 것이다.

이전의 김대중과 김영삼 전 대통령의 민주화 투쟁 및 반대하고는 다른 상황이라고 필자는 생각한다. 정치, 경제, 사회 모두 남을 배려하는 '사촌이 땅을 사도 배가 아프지 않은' 상생과 공존의 생각을 해야 한다.

왜 그럴까? 내가 하지 못했으니 다른 사람이 하니까 혹시 그것으로 다른 당 출신의 대통령의 인기가 오르지는 않을까 하는 생각으로 추측된다. 한번 해보겠다는데 결과가 나오기도 전에 왜 반대만 하는지 한번 믿고 맡겨두고 나중에 평가하면 되지 않겠는가 하는 말이다.

무슨 안보 얘기를 하는데 청와대 집무실을 옮기면 북한이 미사일이라도 쏘고 당장 남침한다는 것인지 반대 아닌 반대만 하는 것인지(물론 예산 문제도 따져봐야겠지만) 잘 생각해 보자.

사촌이 땅을 사면 배가 아프다

약자의 코스프레

필자가 중년에 경험한 한 가지 얘기를 할까 한다. 어느 날 전철역 지하차도를 지나고 있는데 그곳에서 어느 몸이 불구인 신체 불편한 사람이 엎드려 구걸하고 있었다. 안돼 보이고 안쓰럽고 불쌍해 보여서 금전을 몇 푼 적선했다. 그런데 조금 뒤 뒤돌아보니 그 불구행세를 했던 사람이 걸어가고 있는 것이 아닌가. 깜짝 놀랐을 뿐만 아니라 그 사람 뒤에서 관리하는 사람이 있어 그 적선 받은 돈을 갈취하고 있었다. 그때까지만 해도 필자는 옛 성인들과 같이 남을 배려하고 돕고 생활하자고 생각했는데 마음이 바뀌었다.

그러면, 현재 기부금을 받아 영위하는 비영리단체는 어떠한가? 예를 들면 정신대 할머니 단체에 기부된 돈이 모두 정신대 할머니들의 복지를 위해 쓰이는 것인가? 보도를 보면 아니다. 그것을 관리·감독하는 사람들이 갈취하고 있는 것으로 보였다. 그래서 필자는 기부하고 싶어도 못 하는 것이다. 주변에 이런 상황을 얘기했더니 그분은 그래도 일부는 좋은 일에 돈이 쓰이니까 기부한다고 한다. 참으로 배려가 깊은 것이다.

그러면 이런 단체를 정부는 왜 관리·감독을 못 하는가? 북미에서는 이 모든 비영리단체는 공인회계사의 감사를 받아야 한다. 그러니 투명하고 공정해서 비리가 있을 수 없는 것이다. 정치와 경제·사회계가 비영리단체가 잘 운영될 수 있도록 적절한 제도를 만들어야 한다. 그래야 모든 사람이 옛 성인들과 같이 마음 놓고 남을 배려하는 사회를 살 수 있다.

이것 또한 그 돈의 원천이 어딘지 생각하지 않고 관리자가 나만 잘 먹고 잘살면 된다는 생각 때문일 것이다. 정부가 제도를 만들고 법을 제정해도 관리·감독하지 않고 지키지 않으면 무용지물인 것 또한 사실이다.

사촌이 땅을 사면 배가 아프다

과정의 투명성

　요즘 방송에서 '부모찬스' 얘기가 많이 나온다. 앞서 얘기했지만, 대한민국은 과정이 투명하지 않아서 아무리 좋은 제도를 서양에서 도입해도 부정과 비리가 발생한다.

　의전원의 대학원제도 변호사, 판사, 검사의 대학원제도 등에서 부모찬스를 이용하여 부정과 비리가 많이 있다. 왜 그럴까? 서양과 같이 과정과 결과가 투명하지 않아서 그런 것이다. 서양은 부모찬스가 있어도 사회는 불공평하다는 교육을 받았기 때문에 받아들인다는 것이다.

　서양에서는 지인의 추천서가 반영되니 대한민국과 같이 그럴 수 있는 것이 아니냐 하고 반문할 수 있지만, 서양의 추천서 등은 정말로 진실하고 사실에 기초한 것이지 비리나 서류나 진실을 위조하는 등의 사실이 적다는 것이다.

　공정하지 못하더라도 세상은 불공평하다는 생각이므로 그냥 넘어간다는 것이다. 캐나다에 살고 있는 지인의 여자 친구가 싱가포르의 대학원 출신인데 SFU(Simon Fraser University)에 교수로 추천되어 학생들을 가르친다고 했다. 캐나다와 싱가포르의 대학은 명성과 실력의 차이가 있을 거라고 생각하는데 싱가포르의 대학원 출신이 얼마나 실력이 있는지 모르지만 한국의 일명 SKY 대학과 같은 곳에서 교수로 임용되었는지 이해가 가지는 않았지만 이들은 사회가 불공평하고 과정이 투명하다고 생각하는 인식 때문인지 그냥 받아들이는 것이다.

제도가 아무리 좋아도 과정과 결과가 불공정하면 이러한 논란을 현재도 앞으로도 어느 정권이 들어서도 마찬가지 현상이 계속될 것이라고 필자는 단언하고 싶다.

그래서 법률과 제도를 도입할 때는 말 그대로 한국적인 상황과 사고를 고려해야 한다는 것이다. 그렇지 않으면 이러한 부정과 비리는 계속 사회적인 논란이 될 것이라고 생각한다.

대한민국이 제도는 잘 받아들인다고 하였는데, 그러면 전문직을 양성하는 대학원을 볼까? 캐나다 이민 전에 사법고시라는 게 있어 말 그대로 실력에 의해 '개천에서 용 난다.'라는 사회였다. 귀국하여 보니 북미처럼 전문직(변호사, 의사 등)을 시험이 아닌 대학원만 졸업하면 자격시험에 응할 수 있는 제도로 바뀌었다. 이 제도를 악용해서 입학 자체를 부정하게 하고 인맥·학맥으로 입학하고 심지어는 고등학교 생활기록부를 위조하는 심각한 사태가 발생하고 있다고 언급한 바가 있다. 그래서 현대판 음서제도(蔭敍制度)로 바뀌고 있는 상황이다.

외국의 제도(시스템)를 받아들일 때 국민의식도 중요하지만 제도 전체를 도입해야지 판사 임용까지 일련의 과정에서 사법시험만 서양식으로 도입하면 완전체가 되지 않는다. 한국은 이전에 사법고시 합격 후 수습 과정을 거쳐 변호사, 검사, 판사를 임용했다. 배심원제도까지는 잘 도입한 것 같은데, 북미는 검사 생활에서 경험하고 훌륭한 능력 있는 사람을 판사로 임용을 한다는 것이다. 물론 사법시험이란 제도를 통과했으면 머리가 좋다고 할 수 있는데 머리가 좋다고 해서 판단력까지도 좋다고 할 수는 없는 것이다. 경험도 매우 중요하다.

옛말에 '고양이에게 반찬가게 지키라'고 하면 되겠느냐 하는 말이다. 이러한 문제를 해결하기 위해 필자의 개인적인 생각은 과정의 투명성과 결과의 공정을 위해서 모든 제도를 과거의 시험제도로 바꾸는 것이 현명할 것이라 판단된다.

물론, 시험도 객관식이 있고 주관식이 있지만 시험제도는 현대판 음서제도와는 달리 보다 더 객관적이고 합리적일 것이라는 것이다. 시험의 주관식은 채점자의 주관적인 판단이 따르는 것은 사실이다. 그렇다고 '구더기 무서워서 장을 못 담그나.'라는 말처럼 주관식 채점자에게 권한과 판단을 부여하고 양심에 맡길 수밖에 없는 것이다.

그렇지 않으면 어떻게 의사들에게 환자를 맡기고 검사, 판사들에게 정의를 맡기고 하겠는가. 그 정도의 위치에 있는 사람들을 불신하면 이 사회는 정말 혼돈의 사회가 될 것이다.

위임받은 자들을 국민이 믿고 한번 신뢰해 보자. 그래야 보다 더 나은 공정한 사회가 될 수 있지 않겠는가?

공평에 대한 캐나다인의 인식

또 다른 면에서 필자가 캐나다에서 생활할 때 그곳의 고등학교 선생님들이 학생들한테 '사회는 불공평하다.'라고 얘기한다. 이것은 사회가 불공평하니 나중에 사회에 나가서 현실을 인정하라는 뜻이다. 옛말에 '억울하면 출세하라.'라는 말이 있는데, 캐나다와 미국 사람들은 학교에서 그런 말을 들었기 때문에 사회에 나와서도 불평불만(不平不滿) 없이 생활해나간다.

그런데 우리 사회는 어떠한가? 모두가 공정하고 정의롭다고 학교에서 얘기한다. 실제로 그런가? 아니다. 학생들이 졸업하여 사회에 나가보니 절대로 공정하지 않고 정의롭지 않다. 그래서 시위하고 불만을 토로하고 있다.

제목과는 다른 얘기이지만, 캐나다의 경우를 한번 볼까? 필자가 거주하였던 밴쿠버는 서쪽 끝에서 동부로 가든지, 시내나 다른 지역으로 가려면 강 같은 바다를 건너야 한다. 땅도 넓고 인구밀도도 적지만 앞서서 말했듯이, west Vancouver나 north Vancouver를 출발해서 강 같은 바다를 건너려면 그 넓은 폭에 건널 수 있는 다리가 딱 두 개밖에 없다. 출퇴근 때에는 다리를 건너려는 차량으로 교통지옥이다.

그래서 그곳에서 거주하는 사람들이 다리를 더 설치하자고 민원을 제기하였는데(대한민국 같으면 벌써 10개 이상의 다리를 건설하였을 법하다), 불편을 느끼는 사람들이 불평불만을 하지 말고 스스로 떠나면 된다는 것이었

사촌이 땅을 사면 배가 아프다

다. 결국은 다리 건설 얘기가 나왔다가 수그러들었다.

이것이 '집단이기주의'인지 아니면 지역의 균형발전인지 거주민의 의견을 존중하는 것인지는 독자들께서 스스로 판단하길 바란다.

돈에 관한 경험담

필자의 돈에 관한 경험담을 말해볼까 한다. 필자가 젊었을 때 어느 대기업에서 근무할 때다. 그 회사는 80년대 강성노조활동으로 노동자들이 시위를 격하게 한다고 소문이 나 있는 회사였다. 시위대(노동자와 주로 생산직 종사자)가 사무실을 점거하고 농성해서 며칠간 출근을 못 하니 집에 있으라고 지시를 받아 필자는 '이게 웬 휴가인가.' 하고 며칠간 고향에 다녀왔다.

출근하였는데 책상 서랍이 열려있었다. 아차 하며 살펴보았더니 그때까지 회사가 어려워 상여금을 강제로 저축하게 해서 나중에 주식으로 교부한 증권을 서랍 속에 보관해 놓았는데 도난당한 것이다. 큰 금액은 아니지만 결혼 전이라 황당하고 하늘이 무너지는 것 같았다. '시위만 하면 될 것을 왜 남의 피땀 흘려 모은 돈을 훔쳐 가는가? 이것은 아니다.'라고 생각하였다.

그래서 그 후 결혼할 때에 굉장한 진통이 있었다. 당시 필자의 입장은 민주화 또는 급여 인상을 위한 시위대라기보다는 남의 물건을 훔치는 사람들로 보였다.

그럼 시위대의 한 가지 주장을 보자. 회사는 직급에 따라서 차량을 제공한다. 사장은 로열살롱을 간부는 1,500cc 승용차를 차등해서 말이다. 그런데 시위대의 주장은 내가 1,500cc급을 타고 다니니 사장도 1,500cc

사촌이 땅을 사면 배가 아프다

급을 타야 한다고 주장했다.

민주국가에서 이 무슨 해괴망측(駭怪罔測)한 사고이며 주장인가. 사회주의나 공산주의적인 발상이다. 국민의식이 '남 잘되는 꼴', '잘 사는 꼴'을 볼 수 없다는 것이다.

귀국 후 몇 년 전에 캐나다에서 장부를 관리해 준 공인회계사와 통화를 한 적이 있다. 그 사람의 얘기로는 대한민국 사회가 사회주의 시스템으로 변화하고 있고 대기업(S사) 본사를 베트남으로 옮길 것이라는 말을 했다. 해외에 있는 식자층이 왜 이런 말을 꺼낼까? 대한민국을 좋지 않은 시선으로 폄하(貶下)하는 말일까? 해외에서 대한민국 사회를 바라보는 눈이 우리가 사는 현실과 다르다는 것이다. 그 사람들은 왜 이런 사고와 시선으로 대한민국을 바라볼까? 아니 땐 굴뚝에 연기가 날까? 어떻게 지킨 자유민주주의 국가인데 대한민국 사회가 사회주의 시스템으로 가서는 안 될 말이고 정말 그렇게 될까 봐 걱정이 앞서는 것이다.

공공기관의 대응

필자의 국적이 캐나다인 상황에서 지금 코로나 상황인데 한마디 더 해 볼까 한다. 국가에서 재난지원금을 지급하고 있는데 외국인 신분이라서 해당이 되지 않는다고 한다. 그래서 구청에 문의했더니 행정안전부에 문의하라고 한다. 거기에서도 잘 모르겠다고 하면서 보건복지부에 문의하라고 하였다. 그곳에서도 잘 모르겠다고 한다.

전화 대기한 시간만 부서별로 1시간 정도 소요되면서 계속 뺑뺑이를 돌렸다. 통화 자체가 불가능한 상황이었다. 코로나로 실직자들이 많이 늘었다고 했는데 그 사람들을 채용하여 궁금한 사항을 즉시 답변해주면 좋으련만, 채용하여 몇 시간만 교육하면 될 것을 고용 문제가 심각하다고 하지만 이 무슨 상황인가?

전화 문제는 일반 회사(대기업)도 마찬가지다. 요즘은 자동응답 또는 안내멘트를 길게 한다. 이전에는 교환원이 전화를 연결하든지 직원이 직접 받든지 하여 바로 연결되어 통화가 가능하였다. 그런데 지금은 무슨 안내멘트가 그렇게나 많은지 전화기의 번호판을 찾아 눌러야 하는 불편함을 초래하고 있다. 더구나 번호를 잘못 선택하면 처음부터 다시 시작해야 한다. 정말 짜증이 나는 경우가 한두 번이 아니다.

다른 경우는 병원에 전화하면 최근에 제정된 관련 법령을 안내하고 다른 것도 마찬가지이다. 노동부에 전화하면 관련 법령을 안내하고 그러면

사촌이 땅을 사면 배가 아프다

법무부에 전화하면 모든 법령을 안내하고 기획재정부에 전화하면 최근의 모든 경제 관련 법령을 모조리 안내할 것인가? 법을 제정하고 공표하였으면 되었지 왜 이렇게 이용자가 불편한 세상을 만들어 가는가. 모두가 다 알고 있는 내용을 친절하게 안내하려고 그러나? 쉽게 편리하게 하면 안 되나?

또 다른 경우는 귀국하여 은행거래나 사업자로서 전자세금계산서를 발행하려고 하면 공인인증서를 발급해야 한다고 한다. 이민 가서 은행 등을 거래할 때 공인인증서 제도가 없다. 신분증만 있으면 모든 거래가 가능하다. 이민 가기 전의 한국도 그랬다. 그런데 요즘 한국 상황이 사기나 보이스피싱이 많아서 그런지 북미에서는 필요로 하지 않는 공인인증서가 발급 절차도 복잡하고 수수료도 내야하고 이전보다 불편함이 따른다. 발급받는 절차도 한참 컴퓨터를 사용하다 보면 작동이 또 안 된다. 문의하면 필자가 외국인 신분이라고 안 된다고 한다. 어찌어찌하여 겨우 발급받아 사용하는데 이러한 제도가 꼭 필요한지 불편함만 있는 것 같다.

옛말에 열 사람이 한 도둑을 막기가 어렵다는 말이 있는데 아무리 법과 제도를 만든다고 하여도 사기나 보이스피싱 같은 범죄는 법망을 피해 교묘히 계속 진화될 것이고 그렇다면 국민 개개인이 주의할 수밖에 없고 컴퓨터에 익숙하지 못한 사람들을 위해 이전과 같이 하면 안 되는지 뒤돌아보게 되는 것이다.

재난지원금을 따진다고 하니 일부 사람들이 이렇게 반문할 수도 있을 것이다. '왜? 외국 국적으로 그러한 혜택을 받으려고 하느냐?'고 할 것이다.

필자는 외국인 신분이지만 대한민국 정부에 신고·등록하고 대한민국에서 사업체를 운영하면서 모든 세금 및 공과금을 납부하고 있는데, 필자가 낸 세금으로 재난지원금을 지급하면서 왜 외국 국적이라는 사유로 인하여 혜택을 주지 않는가? 이건 그냥 여행을 오거나 출장차 한국을 방문한 외국인과 다르다.

그러면 일부 사람들은 '대한민국 국적으로 해야지 왜 외국 국적으로 대한민국에서 거주하고 있느냐?'라고 할 수도 있을 것이다. 이것은 국적 문제가 아니고 내가 못 가지고 있는 외국 국적 신분으로 편하게(?) 외국에서 살아서 '배가 아프다.'라는 발상이 아니겠는가? 참으로 이기주의적인 생각이며 남을 배려하지 않고 한 번 더 생각하지 않는 정책적 발상이다.

외국인 노동자의 급여는 국내 노동자와 동일하게 지급하도록 법을 만들어 놓고 등록된 외국인에게는 재난지원금을 왜 지급하지 않나? 무슨 논리로 무슨 근거로 그렇게 하나요? 정책의 일관성이 있어야 하지 않나?

운명에 관하여

    현재 상황을 그대로 받아들이고 살라고 하면 어떤 독자들은 그러면 운명적으로 삶을 살라는 것이 아니냐고 생각할 수도 있을 것이다. 그런데 필자의 인생 경험담을 얘기하자면 지금까지의 생활이 다분히 운명론적인 삶이었다는 것을 경험하였다.

    작은 시골 마을의 종손이었던 필자는 어린 시절, 할아버지와 겸상하였고 할머니를 비롯하여 이하 가족들은 별도의 밥상에서 식사하였다. 우리가 흔히 말하는 밥상머리 교육이라고 말하는데 그때 할아버지께서 '만사분이정(萬事分已定)이어늘, 부생공자망(浮生空自忙)이니라.'라는 말씀을 자주 하셨다. 풀이하면 모든 일은 분수가 이미 정해져 있는데, 세상 사람들이 부질없이 스스로 바쁘게 움직인다는 것이다.

    그러면 '아무 일도 하지 않고 하늘만 쳐다보고 감나무에서 감이 저절로 떨어지기만을 기다려야 하는 것이냐?'라고 반문할 수 있을 것이다. 그렇지만은 않다는 것이다.

    필자도 운명을 점쳐보기 위해서 점집에도 가보고 주역을 풀이하는 역술가에게도 자주 가 보았다. 그런데 역술인의 답변은 모든 사람의 운명은 태어나면서부터 결정되는데 이 운명이 바뀔 수도 있다는 것이다. 그래서 그것이 무엇이냐고 물어봤더니 보통 사람은 70%의 운명이 인생 끝까지 가는데 공부하면 운명이 바뀔 수도 있다는 것이다. 필자의 운명에 관해서 물어보니 '남의 집 종'이 되어서 살아야 한다는 운명이라고 하였다. 그 말은 다른 사람의 밑에서 급여나 녹봉을 받고 살라는 것이다.

필자는 대학 시절에 이러한 삶을 살고 싶지 않고 재벌이 되고 싶어서 교사가 되는 것이 싫어 교직과목을 이수하지 않았다. 아버지께서 공무원이 좋다고 하셔도 시험에도 응시하지 않고 내 운명과 다른 돈을 많이 벌 수 없을까 하여 일반 회사에 취업하였다. 지금 생각하면 운명대로 살았으면 성공한 인생이 되어있지 않을까 생각한다.

일찍이 공자는 논어의 위정편(爲政篇)에서 15세를 지학(志學), 30세를 이립(而立), 40세를 불혹(不惑), 50세를 지천명(知天命), 60세를 이순(耳順), 70세를 고희(古稀)라고 하였다. 이 말을 순서대로 생각해보면 젊었을 때 학문에 뜻을 품고 열심히 일하고, 40대까지는 여러 유혹에 흔들린다는 의미이고, 그렇게 하였는데도 마음을 잡지 못해 50에는 하늘의 뜻을 알라는 의미이다. 그렇게 인생을 살다 보니 60에는 남을 배려하고 남의 말이 귀에 거슬리지 않게 된다는 "라테는(나 때는)"이라고 하면(기성 세대의 입장에서는 인생의 모든 과정을 경험했고 이런 식으로 흘러간다고 충고하는 식으로 말하면), '꼰대세대'라고 말하는 것이다. 기성세대들은 경험한 바에 의해서 인생을 받아들이고 필자도 그렇게 살고 있다.

성공하지 못한 삶을 캐나다의 경험으로 얘기해 볼까? 캐나다에 이민하여 우체국도 운영하였고 현지 생활에 적응이 되지 않아 미국으로 가서 사업을 할까 하였는데, 미국에서 금융 사태가 터져 그냥 캐나다에 머물기로 하고 잘되고 있는 세탁소를 인수하였다.

그 세탁소는 일반 동네의 세탁소와는 달리 보험회사와 연계하여(부족한 영어 실력으로 영업해야 하지만) 세탁물을 받아 세탁하는 공장형 세탁소다. 규모가 크고 수익도 많이 나는 세탁소라서 많은 돈을 벌 수 있겠다는 생각에 인수하였다. 연간 순수익이 캐나다화로 20만 불(한화 2억 원 정도) 이

사촌이 땅을 사면 배가 아프다

상이었다. 먹고사는 데 지장이 없고 돈도 많이 벌 수 있다고 생각하였다. 인수한 첫해에는 말 그대로 수익이 높았다.

밴쿠버의 기후를 말하였지만, 11월부터 이듬해 3월까지가 우기여서 비도 많고 눈도 많다. 그래서 물난리도 많이 나고 화재도 잦아서 세탁물이 넘쳐 가게에 보관할 수 없을 정도로 세탁물을 집으로 가져가서 쌓아두고 기쁨에 넘쳐 '아~ 이대로만 하면 인생에 대박이 나겠구나.'라고 생각하고 '운명론적인 것이 아닌 나 자신의 생각과 노력으로 돈이 모이겠구나.' 하였다.

성공(돈)을 위해서나 자녀교육을 위해서 이민하였는데 이제는 나의 인생이 잘 풀리겠다고 생각하였다. 그야말로 대박의 징조였다. 그래서 양 손가락이 마비(터널 증후군)되어 접히고 펴지지 않아 6개를 수술하였지만 그야말로 한국인의 근성으로 일당백의 마음으로 열심히 일하였다. 아내와 자식들이 가게 일을 도와주지 않으면 일을 도저히 할 수가 없고 그래도 물량이 넘쳐서 인근에 있는 다른 한국인이 운영하는 세탁소에 하청을 주는 등 몸은 힘들어도 많은 수입 때문에 열심히 하였다.

세탁소를 인수한 첫해에는 그러하였는데, 이듬해부터는 상황이 완전히 달라졌다. 이민하기 전부터 밴쿠버의 날씨는 우기 때에 매일 비나 눈이 많이 내렸는데 2년째부터는 눈비가 거의 없었다. 일주일에 한 번 정도로 기후환경이 변한 것이다. 그래서 떨어진 매출을 보충하기 위해서 여기저기 뛰어다니며 부족한 영어로 영업하였다. 3년 차, 4년 차를 기다렸는데 급기야 8년 차까지 변화된 기후는 그대로였다. 하는 수 없이 세탁소를 정리하고 귀국하였다.

그런데 웬걸 귀국 후에 밴쿠버의 소식을 들으니 지금은 기후 상태가 예전과 같이 되어 눈과 비가 많이 내려서 보험사고가 많이 발생한다고 하였다. '왜 내가 할 때는 안 그랬을까.' 하는 생각이 들면서 아무리 필사적으로 노력하더라도 하늘이 도와주지 않으면 사업도 안 되는구나 하는 것을 절실히 느꼈다. 이러한 상황이 운명론적으로 다가온 것이다. 회사생활을 하면서 일당백으로 일하고 그리하여 진급도 동료들보다 빨리하였지만, 세탁소를 경험한 후에 '내 운명은 '월급쟁이'를 하라는 것이구나.' 생각하였다.

필자가 그렇게 열심히 한 것으로 보면 '삼성과 현대와 같은 재벌이 돼야 했는데 왜 아닐까.' 하는 생각이 든다. 지금은 그래서 할아버지께서 말씀하신 '만사분이정, 부생공자망.'이라는 말을 받아들이고 현재의 생활에 만족하며 사는 것이다.

근대에 와서 이 말은 당신의 적성대로 살라는 말과 같은 것이다. 그래서 우리가 학교에서 적성검사도 하고 앞으로 내가 갈 길을 점쳐보고 내게 맞는 인생이 무엇인가 하고 고민하고 결정한다는 것과 일맥상통한 것으로 생각해 본다.

필자는 회사를 운영하고 있지만 아내와 같이 출근하여 일하면서 아내의 의견을 많이 청취하고 물어본다. 지금까지 필자의 인생이 혼자 가게를 운영하고 (독선이라고 말하기는 어렵지만) 혼자 생각하고 결정해서 혹시 내 생각이 틀리지는 않나, 그렇기 때문에 사업이 잘 안되지 않나 하는 생각에 직원 채용뿐만 아니라 회사의 모든 문제를 아내와 상의하고 결정하고 있다.

분명 필자와 다른 생각을 하는 것이 사실이다. 그러기 때문에 더욱더 아내와 상의하고 상대편의 의견을 물어보고 존중하고 판단하고 있다. 내가 부족한 부분을 같이 채워나가는 것이다.

물론, 대한민국 사회에서 어떻게 부인과 같이 회사에 출근하여 같이 일할 수 있느냐 하는 생각도 들지만 내 고집대로 생각하고 행동하는 것이 꼭 맞느냐 하고 반문하는 것이다. 타인의 생각도 들어보고 나와 다른 생각이 있다는 것, 남을 배려하고 나의 부족한 것을 채워줄 수 있다는 것이다. 그렇지 않았다면 내가 벌써 재벌이 되었어야 하지 않는가?

　　　　　　　　　　　　사촌이 땅을 사면 배가 아프다

젊었을 때 아내를 만나 결혼하여 지금까지 살고 있지만 아내가 얘기하면 반대하지 않고 무조건 받아들이고 아내가 싫어하는 말은 가능한 한 삼가고, 혹시라도 아내를 속상하게 하여 나에게 화가 미치지 않을까 하여 순종하고 받아들이고 살고 있다. 젊었을 때 다른 여자도 만나보고 미팅도 해보았다. 그때의 생각으로는 혹시 나의 잘못으로 헤어지지 않을까 하는 생각으로 마음에도 없는 감언이설(甘言利說)을 하였다. 그리하였어도 성사되지 않았지만, '그것을 알기에 아내에게 좋게 표현하고 편히 살 수 있을까.'라고 생각하였다.

그런데 나이 들어 소위 '볼 장 다 봤고' 모든 경험을 했는데 왜 내가 이렇게 기죽고 살아야 하는가 생각이 든 것이다. 지금은 내가 하고 싶은 말을 다 하는 것이다. 아내는 이러한 변화를 모르고 남자가 나이가 드니까 기(氣)가 아래로 가는 것이 아니고 입으로 가서 말이 많고 잔소리가 많다고 얘기하는데, 남편 입장에서는 지금까지 억눌리고(?) 살았던 생활을 탈피하고자 하는 마음이 든 것이다.

'여자 말을 잘 들으면 자다가도 떡이 생긴다.'라는 속담이 있는데, 필자의 젊었을 때를 생각하면 술도 많이 마시고 담배도 피우고 해서 아내가 볼 때는 쓸데없이 가정에 도움이 되지 않는 곳에 돈을 쓴다고 생각했을 것이다. 거의 모든 아내가 그럴 것이다. 그러므로 아내의 말을 잘 들어도 분명히 자다가 떡이 생길 것이다.

부인(아내)들은 현실적이라 경제적인 측면에서 남편보다 가정에 도움이 안 되는 곳에 쓸데없이 돈을 허비하거나 낭비하지 않고 훨씬 경제적인 마인드가 강했던 것 같다. 그래서 아내의 잔소리는 쓸데없는 곳에 돈을 쓰지 말라는 의미인데, 그러나 남편은 본인의 감성이 아내의 잔소리보다 우위에 있으니 남편이라고 어떻게 경제적인 마인드가 없었겠는가? 아내 말을 잘 듣지 않는 듯하다. 필자도 지금은 아내의 말을 잘 듣는 편인 것 같다.

인생의 모든 것이 돈 때문에 일어나고 돈이 사회문제가 많이 되고 필자도 많은 돈을 벌고 싶어 하는 것은 사실이다. 그래야 인생을 편리하고 편안하게 살 수 있으니까 말이다. 이전에도 그랬지만 요즈음의 뉴스를 보면 모든 사건이 돈 때문에 일어나는 문제가 많은 것이 사실이다.

물론, 이러한 상황이 작고하신 아버지께서 말씀하시고 할아버지께서도 말씀하신 그리고 저의 선조·조상님으로부터 내려오는 오랜 경험에서 나온 얘기겠지만, 인생을 살아보니 통계적으로 발생된 주역·사주가 그러한 학문이지만 '청춘난사는 애정사요, 인생난사는 금전사'라고 들려주셨다. 이것을 풀이하면 결혼하기 전까지 젊은이들의 제일 어려운 문제는 결혼 문제이고, 결혼 후의 제일 어려운 문제는 금전 문제 즉, 돈이라는 말이다. 즉, 인생의 제일 어려운 그리고 돈을 위해서 산다고 말해도 과언이 아닐 것이다.

그래서 필자도 돈을 좇아 돈이 욕심나서 사기도 한번이 아니고 두 번씩이나 당했다. 지금 생각하면 현실을 받아들이지 않고 돈에 대한 욕심 때문에 사기를 당한 것이다. 내 인생과 운명을 받아들였으면 사기를 안 당했을 수도 있었을 텐데 말이다.

사촌이 땅을 사면 배가 아프다

기성세대의 생각

필자가 젊은 시절에 어느 사설에서 읽은 적이 있다. 교육학적인 입장으로 볼 때 기성세대의 사고방식은 다음의 두 가지 이유로 인한 것이 아니면 절대 바뀌지 않을 것이라고 한다. 필자도 60이 넘으니 기성세대라고 할 수 있다. 젊은 세대(MZ)가 생각할 때는 요즘 말하는 '꼰대'의 사고라고 볼 것이다. 사고방식이나 생각이 젊은 세대와 다르다고 할 수 있다.

첫째, 종교적인 힘이다. 종교에 의하지 않고는 기성세대의 사고방식이 바뀌지 않는다는 것이다. 필자도 이에 동의한다. 기성세대들이 아들과 같은 젊은 세대들에게 나 때에는 '라떼'라는 표현을 자주 한다. 종교는 믿음을 가지고 자기를 반성하고 자기와 생각이 다르더라도 남을 배려하도록 하는 힘이 있다.

두 번째, 극적인 쇼크를 경험하는 것이다. 지금까지의 생활방식과 사고에서 벗어나려면 극적인 쇼크를 경험해야지만 기존의 사고에서 벗어난다는 말이다. 두 가지 표현이 다 맞는 것 같다. 극적인 쇼크가 아니면 나 자신도 지금까지의 생활방식과 사고가 바뀌지 않을 것 같다.

필자가 귀국하였지만 앞서 사후(死後)에 대한 문제를 얘기하였고, 그러면 아주 중요한 자녀의 결혼문제를 얘기하여 보자.

필자도 유교적 사고방식을 교육받았고 생활하고 성장하였지만, 이민가서 자녀의 결혼문제를 깊게 생각하지 않을 수 없는 것이다. 자녀들이 성장하여 같은 문화와 생활 그리고 사고방식을 가진 배우자를 만나는 것이 지극히 정상적이라고 생각한다.

물론, 지금은 국제화 사회이고 한국인도 해외 여러 나라의 사람들과 혼인하는 글로벌 시대이다. 그런데 필자의 입장에서 생각할 때 그러한 유교적 문화의 영향을 받았는데 과연 '외국의 며느리나 사위를 맞이할 수가 있을까?' 하는 생각이 든다. 아무리 필자가 개방적이고 열린 사고를 가지고 있다 하더라도 쉽게 받아들이기가 어려울 것 같다.

주변 지인의 자녀가 외국인과 혼인하는 경우가 제법 많아졌다. 물론, 자식을 이기는 부모는 없다고 하지만 내 생각과 사고를 자식에게 강요하면서 따르게 할 수는 없는 것이다.

남의 시선이 중요한 것은 아니지만 독자 여러분께서도 잘 생각해 보시길 바란다.

2장

지역감정과 균형발전

지역감정

박정희 전 대통령 정권 이후 대한민국 사회를 돌이켜보면 이것 또한 표제의 사고가 뿌리 깊게 박혀 있다고 볼 수 있다.

대한민국 정치와 사회가 갈라져 도저히 화합을 이루지 못하고 있는 것은 사실이다.

나만 잘하면 되고 내 지역만 잘 살면 되고 타인과 다른 지역은 배려하지 못하고 있다. 집권자의 인위적인 차별로 지역감정은 여기에서 기인한다고 볼 수 있다. 더 나아가서 영, 호남의 지역감정 또한 해결될 기미가 안 보이는 것이다.

박정희 정권 이후 영남 쪽이 경제발전 되고 다른 지역이 소외된 것은 주지의 사실이다. 필자는 지역감정을 조장하고자 하는 것은 아니다. 표제의 사고를 가지고 현실을 직시해야 한다는 얘기다.

광주민주화운동을 말하자면 아직도 이 때문에 대한민국 사회가 분열되어있다. 아직도 광주민주화운동이 왜 일어났는지 정확히 말하는 사람을 보지 못했다. TV와 언론에서 말하는 것은 모두 피상적이고 정곡을 찌르지(말하지) 못하고 있다.

필자가 대학교 2학년 때 광주민주화운동이 발발했다. 아직도 광주민주화운동이 불순세력 또는 북한군이 도와서 일어났다고 생각하는 사람들이 있다.

사촌이 땅을 사면 배가 아프다

지역감정을 해소하려면 첫째, 고른 인재 등용. 둘째, 경제의 균형발전. 셋째, 광주민주화운동의 해결. 이 세 가지를 풀지 않으면 필자는 절대로 해결되지 않는다고 말할 수 있다. 이것은 현재 그리고 다음 정권이 풀어야 할 숙제이다.

첫 번째, 고른 인재 등용은 단시간에 쉽게 해결할 수 있다. 지역 안배를 해서 정권이 풀 수 있는 것이다. 그러나 나머지 두 가지는 시간이 필요하다. 단시간 내에 해결하기가 어렵다. 남을 배려하는 생각을 가지고 다음 정권이 해나가야 한다고 생각한다.

고른 인재 등용은 정치권에서 호남지역 인사들을 고위직에 등용하는 노력을 보인다. 과거에는 반대쪽 진영의 인재들이 모든 고위직을 독점하고 지배해왔다는 것은 사실이다.

최근 정권을 한번 살펴봅시다. 정부 관료의 인선을 보면 인재의 고른 등용과는 거리가 있는 것 같다. 물론, 인재를 등용할 때 내가 잘 아는 주변의 인물들을 채용하는 것은 인지상정일 것이다. 내가 같이 일을 해봤던 자들의 능력과 인성을 잘 아니까 그럴 수도 있다고 생각한다. 아무리 내 주변에 똑똑한 사람과 능력 있는 사람이 많을지라도 인재의 고른 등용이라는 지역감정의 해소 차원에서 볼 때는 이해가 잘 가지 않는다.

어느 신문의 논고의 글이다. 국방부 장관을 역임했던 모 장관께서 2012년 사이버 군무원을 선발할 때 호남 출신을 배제하라고 지시했다는 혐의를 받았는데 법원은 무죄로 봤다고 한다. 이러한 말들이 왜 나왔을까? 아니 땐 굴뚝에 연기가 나는가? 제3 공화국 이후 지금까지 호남 출신들이 인사상 불이익이 있었다는 굴뚝에서 연기 나는 것이 아닌가요? 그런데 호남지역인들이 피해의식을 갖고 있다고 말할 수 있나? 그러한 생각을 하고 있는데 어떻게 지역감정이 없어질 수가 있을까.

정권에서 지역감정의 해소 차원으로 특별 위원회를 만들었다. 그런데 위원회를 만들기만 하면 무슨 소용이 있다는 말인가? 실질적인 인사 문제가 편중되면 지역감정의 원인 중의 하나가 없어질 수 있다는 것인가?

이전 정권에서도 그러하였지만, 신정권이 각료 인선을 발표할 때 필자는 신문을 유심히 살펴보았다. 지역감정을 고려하여 몇몇 호남인을 발탁하였다. 그런데 그것도 정부의 실세나 중요한 보직에는 호남인이 배제되었다. 전체의 몇 %는 호남인에게 할당하지만, 인기 있는 부서가 아닌 곳이 대부분이었다. 의도적으로 몇 사람의 호남인을 끼워 넣기로 인선했지만 실제로 중요한 보직은 호남인에게 줄 수가 없다는 사고다.

그러면 호남 출신인 김대중 전 대통령이 당선되어 집권했을 때 인사 문제가 어떠했을까? 당연히 그분도 호남인을 정부의 중요 곳곳이나 장관직에 등용하려고 했으나 밑에서 받치고 있는 국장급 등 1급 공무원 등에 위치에는 호남 출신이 거의 없어 장관직에 임명할 수 없는 상황이었던 것이다. 그러면 하위직 공무원을 갑자기 국장급이나 장관직에 바로 임명할 수가 있나? 전 정권에서 호남 출신이 고위직에 오를 수 없도록 싹을 잘라버렸다는 말이다. 이것이 어떻게 호남인들이 피해를 보지 않았다고 말할 수가 있나. 인사 문제를 얘기하면 김영삼 전 대통령이 늘 강조하였던 '인사가 만사'라는 것이 떠오른다. 이것은 인재의 고른 등용과 인재의 적재적소라는 의미일 것이다.

실제로 인사 문제는 일반 회사뿐만 아니라 공무원 조직도 매우 중요한 것이다. 아무리 능력이 있더라도 모든 일을 사장이 또는 최고 집권자가 혼자서 처리할 수는 없는 것이다. 그래서 능력과 자질이 있는 사람을 적재적소에 배치하여 즉, 좋은 인재를 골라 써야 한다는 것인데 그 자체도 모른다면 아주 무능한 것이다.

그러나 노무현 전 대통령 이후 정권을 잡을 때 그것을 알기 때문에 호남 출신의 국무총리들이 몇 사람 배출되었다. 이것은 집권자들이 표를 의

　　　　　　　　사촌이 땅을 사면 배가 아프다

식해서 그러할 수도 있지만 인재의 고른 등용이라는 차원에서는 바람직한 상황이다.

두 번째, 국토의 균형발전은 앞선 정권들이 시도를 해보려 했지만, 아직도 미흡하다. 제3공화국 시대에 영남 쪽의 일개 마을이 도시가 되고 다른 지방에 비하여 비약적으로 경제발전이 되고 했던 것은 주지의 사실이다. 따라서 현재 차후 정권이 시간을 가지고 해결해야 하는 것이다.

세 번째, 광주민주화운동은 과거 사실을 있는 그대로 인지하고 밝히고 해야 한다. 다른 지역에서 아직도 광주민주화운동이 불순세력과 북한군의 도움 또는 김대중 전 대통령의 선동으로 일어났다고 치부하면 안 된다.

다른 장에서도 얘기했지만, 아직도 광주민주화운동에 대해 왜곡된 사건과 사실을 말하지만, 필자의 생각으로는 광주민주화운동은 전두환 전 대통령이 12·12쿠데타 후 정권을 잡고 진행한 사실에 전남대학교 학생들이 반발한 것 때문에 폭발한 것이다.

즉, 전두환 당시 보안사령관이 정권을 잡고 발표한 전국대학의 전문화 작업으로, 전국의 종합대학을 일률적으로 획일화하여 단일한 대학으로 육성한다는 것이다.

예를 들면, 경북대학교는 기계공학 중심. 어느 대학은 의과대학 중심. 그런데 하필이면 전남대학교는 화공 중심대학으로 개편한다는 것이었다. 여기서 학생들이 불만을 가질 수밖에 없었다. 필자도 당시 상과를 다니고 있었던바 지방에서는 좋은 대학의 학과에 입학하였다고 자부심이 있었는데 이를 없앤다고 하면 좋겠는가 하는 말이다. 왜 하필이면 다른 좋은(사회, 경제적으로) 학부도 있는데 전남대학교는 화공 중심인가?

하나 더, 전두환 보안사령관이 김대중 전 대통령을 정치적으로 구속해 여기에서 학생들이 반발한 것이다. 앞서 말한 지역감정의 원인인 인재 등용과 지역 균형발전에 대한 반감을 품고 있었는데, 여기에다 기름을 붓는

격이다. 그래서 학생들이 시위에 나섰고 신군부가 강제진압 하는 상황에서 광주민주화운동의 시발점이 된 것이다.

그러면, 호남인들이 왜 김대중 전 대통령을 신봉하고 추종하는가 하는 것은 제3공화국 시절부터 민주화의 상징적 인물이었고, 앞서 말한 지역감정의 원인을 해결해줄 수 있는 사람을 기대하는 발로에서 나온 것이라 볼수 있는데, 해결하지 못하고 단시일 내에 할 수도 없는 상황이다.

필자가 호남인이지만 젊은 시절에 호남지역도 지금 국민회의의 뿌리인 이전의 공화당 인재가 절반 정도 국회의원에 당선되고 필자의 결혼주례도 공화당 국회의원이었던 분께서 맡아주셨다.

그러면, 지금은 왜 호남지역은 선거 때 황색 돌풍이 일어나고 옛날 민주당(지금은 변화된 민주당)에 몰표를 주는가? 그 원인은 앞서 두 가지의 요인 외에 더하여 광주민주화운동이라고 볼 수 있다. 광주민주화운동 때 많은 사람이 사망하였고 희생되었다.

지역감정에 대해서 한 가지 더 얘기해 볼까? 광주민주화운동 이후에 '전라민국'이라는 단어가 가끔 나온다. 제3공화국 이후 호남지역을 차별하였지만, 당시에 전라민국이라는 단어를 들어보지 못했다. 그런데 이 단어가 광주민주화운동 이후에 자주 사용되고 있다. 누가 이런 단어를 언급하나요? 호남인들이 스스로 전라민국이라고 할까? 이전에는 이러한 단어가 없었는데 왜? 갑자기 광주민주화운동 이후에 사용되었나?

그러면 '강원민국', '경기민국', '경상민국', '제주민국', '충청민국'이라는 표현을 들어봤는가? 이것을 사용한 사람들은 호남인들을 지극히 폄훼하고 지역감정을 조장하는 행태다. 한반도에서 국민의 인식을 과거의 삼국시대로 되돌리자는 말인가? 왜들 이러시나? 지역감정을 해소하고 그 원인을 고치자는 호남인들의 요구가 호남의 땅을 갈라서 독립된 나라를 세우라는 말인가? 호남인들이 무장하여 내전이라도 일으키라는 것인가?

사촌이 땅을 사면 배가 아프다

이러하니, 호남인들이 자기네가 머물던 땅을 버리고 다른 지역으로 옮겼으며, 외국으로 이민하지 않았던가. 같은 한국 땅에서 호남인으로 인식되지 않기 위해서 본적을 바꿔서 사는 등, 이게 무슨 상황이라는 말인가?

배움이 있고 상식이 있고 고귀하신 분들이 왜들 이러시나? 이러면서 호남인들이 피해의식을 갖고 있다고 말하는지? 전라민국이라는 소리를 들은 호남인들의 심정을 한 번이라도 생각해 보셨나? 이렇게 해서 어떻게 국민통합이 이루어질까.

다른 장에서도 언급하였지만, 정치권에서 무슨 위원회(국민통합위원회)를 만든다고 하나 이러한 인식하에 어떻게 진실한 국민통합이 이루어질 수가 있을까. 진정으로 호남인들을 생각하고 화합을 위한다면, 같은 땅에 살고 있는 민족이라면 가슴에 손을 얹고 생각해 보시길 바란다.

지역의 균형발전

앞에서 필자가 지역감정의 해소를 위해 지역의 균형발전을 언급하였다. 현재 글을 쓰고 있는 도중에도 '가덕도 신공항' 문제로 또다시 시끄럽다. 명분을 보니 지역의 균형발전이라고 선거공약이라고 해서 개발한다고 한다.

그런데 공약은 정치인들의 그냥 공약이다. 이것이 진정 지역의 균형발전이란 말인가? 경기도 수원시가 발전이 되었으니 인근의 오산시나 화성시를 개발한다는 것과 같은 말인데, 이것이 지역의 균형발전이라는 말이냐고 묻고 싶다.

지역의 균형발전이라는 말은 영남과 호남의 비교에서 나왔을 것이다. 그러면 목포시나 공주시, 전주시, 강릉시에 그러한 개발을 하면 안 되는가? 물론, 부산광역시와 영남이 거주인구도 많고 유동 인구 또한 많아서 그러한 발상이 나올 수도 있는데, 그러면 왜 부산광역시와 영남이 그렇게 거주인구가 많고 유동 인구가 많은지 한번 생각해 보았느냐는 얘기이다. 그것은 호남인들이 생각할 때는 말도 되지 않는 논리이고 발상이다. 물론, 집권자가 내 고향 지역을 발전시켜야 한다고 생각하고 있을지 모르지만, 지역의 균형발전이라는 의미에서 납득이 가는가 하는 말이다.

모든 국책사업은 '예비 타당성 조사'를 거쳐서 시행한다. 이 또한 면제하자고 하는데, 왜 면제하자는 것인지 혹시라도 과정의 투명성을 감추려고

사촌이 땅을 사면 배가 아프다

하는지 의구심만 들 뿐이다. 이렇게 해서 어떻게 지역감정을 해소한단 말인가?

그러면 또, 광양제철소 얘기를 해볼까? 제5공화국 후에 집권자가 이러한 지역감정의 문제를 알고 있었는지는 모르겠지만, 아마도 지역감정에 대한 세 가지 중에서, 국토의 균형발전이라는 것을 염두에 두고, 아니면 호남인들의 민심을 달래어 볼까 하는 생각으로, 전라남도의 광양시에 제철소를 설립했다고 생각한다.

그런데 장소가 여수시나 목포시 또는 광주광역시 그리고 타 지역의 도시도 아니고, 하필이면 그곳에 제철소를 세웠느냐고 하는 의구심이 들 뿐이다. 땅은 호남의 장소이지만 경남이 아주 가까이 근접하고 있으므로 집권자가 지역감정의 원인 중의 하나인 지역의 균형발전을 해소하기 위해 광양의 땅을 선택했다고 볼 수밖에 없는 것이다.

물론, '예비타당성 조사'나 환경평가와 물류비용 등을 고려해서 결정하였겠다고 생각하는데, 이런 평가가 왜 그곳이 잘 나왔는지 한번 생각해 보셨나요? 반대 지역은 이미 기울어진 운동장일 거다. 이것이 대한민국 사회의 갈등인 지역감정의 해결보다 더 중요할까 하는 것이다.

광주민주화운동의 경험담

필자의 광주민주화운동의 경험담을 말해볼까 한다. 필자는 동생과 함께 광주에서 자취하고 있었다. 이미 민주화운동은 절정으로 치닫고 군인들은 총을 쏘고 뉴스에 나오니 시골에 계신 아버지께서 필자를 데리러 자취방에 오셨다. 아버지께서도 6·25전쟁 및 여러 시위사태를 보아온지라 사태의 심각성을 알고 필자를 데리러 시골로 내려가기 위해서였다. 나중에 아버지께서 6.25와 같이 시위나 반란 세력들이 결국은 지리산 등 깊은 산속으로 들어가 빨치산 같은 경우가 될 수 있다고 말씀하셨다.

필자는 아버지와 함께 광주 시외버스터미널로 향했다. 그곳에서는 이미 도로에 10열 종대 정도의 군인들이 무장한 채로 시위대를 진압하고 있었고 필자는 아버지와 함께 지하차도로 들어갔다. 잠시 후 터미널로 진입하려고 하는데 위에서 비명이 들리면서 많은 사람이 지하차도로 내몰리는 상황이었다. 그래서 필자는 진압 군인들이 지하차도로 내려오나 생각이 들어, 그때는 시위했든 안 했든지 젊은 사람들은 무조건 무력(곤봉 등)으로 진압하는 상황이어서 필자도 당시 학생 신분이었으므로 이대로 죽게 되는가 하는 생각이 들었는데, 아버지와 얼굴을 서로 마주 보며 아무런 생각이 들지 않았다. 아버지의 얼굴을 쳐다보니 그 잘생긴(?) 이마에 겁에 질려 땀방울이 송골송골 맺혀있었다.

젊은 사람들을 무자비하게 진압하니 아버지께서는 필자가 나이 들어

보이기 위해 자신이 입고 있던 양복(suit) 상의를 필자에게 입혀주었다. 그렇다고 해도 나이 들어 보이지는 않았겠지만, 한참 후 조용해지니 아버지와 함께 터미널 옆 여관에 방을 잡아 투숙하였다. 혹시라도 검문에 걸려도 필자는 시위에 참여하지 않고 여행객으로 가장을 하기 위해서였다.

조금 있으니 여관의 상공에서 헬리콥터 소리가 나면서 "시위대는 해산하라"라는 방송이 들리며, 여관으로 군인들이 올라오는 군홧발 소리가 들렸다. 이젠 어떡하나 겁에 질려 아무런 생각도 할 수가 없었다. 한참 후 숨죽이고 있으니 다행히 투숙하고 있는 방의 검문은 없었다. 조금 있다 밖으로 나가 택시를 잡아타고 시골로 가는 시외버스를 이용하여 무사히 시골집에 도착하였다.

며칠 후 동생들은 광주에서부터 산을 넘고 강을 건너 1박 2일 걸어서 시골집까지 온 것이다(동생들 말이 자취방에 있는데 저녁에 옥상으로 총탄이 날아다니고 하는 것을 보았다는 것이다. 얼마나 무서웠으면 밤을 새워가며 시골까지 걸어왔겠는가?).

이것은 한 번도 경험하지 못한 전쟁 상황이나 다름없었다. 나중에 학교 교무과에서 집으로 전화가 왔었다. 시위대의 사망자 명단에 필자의 이름이 있는데 무사하냐는 것이었다. 그래서 무사히 집에 도착했다고 하였다.

필자의 친구는 당시 허벅지에 관통상을 입었고, 그때 부상자들이 병원에 입원 치료도 할 수 없는 상황이었다. 진압군들이 병원을 조사하여 부상자들을 잡아들이는 상황이었다. 상처 입었다는 것은 시위에 참여한 사람이라고 판단한 것이고, 진압군의 이러한 행동은 전쟁에서 확인 사살이나 마찬가지이다.

또 한 가지 들은 바로는 필자의 친구의 여동생 친구가 아침에 옥상에서 양치하고 있는 도중에 총탄을 머리에 맞아 즉사했다고 한다. 진압군의 총알인지 시민군의 총알인지 알 수는 없지만 그러한 상황을 당한 가족들의 슬픔은 어떠했겠느냐 하는 것이다.

이것이 무슨 6·25전쟁도 아니고, 도대체 같은 민족 아니 같은 지역 사람끼리 무슨 상황이란 말인가? 나중에 뉴스를 보니 당시 전남대학교 학생회장이었던 박××(실명을 알고 있지만 밝히지는 않겠다)가 시위를 주동했다고 고문당하여 죽었다는 말을 들었다.

아직도 광주민주화운동이 북한군이 또는 폭도들이 일으킨 것이라고 주장하는 사람들이 있다. 필자가 말했지만, 이것은 누가 시위를 주동하고 선동한 사람은 없다는 것이다. 정권을 잡으려고 한 사람들에 대해 분노한 학생(이유는 설명하였음), 시민들이 자발적으로 일어난 운동이라는 것이다.

이것이 필자가 지어낸 거짓말 또는 없는 사실을 있다고 소설을 쓰고 있나? 역사적 진실을 말할 뿐이다. 독자 여러분도 자식 잃은 슬픔을 겪어봤느냐는 것이다. 광주민주화운동을 겪지 못한 다른 지방 사람들은 한번 생각해 보시기 바란다. 생때같은 내 자식이 죽고 친구가 죽고 지인이 죽었을 생각을 하면 그 심정이 어떠하겠는가 말이다. 제발 진실만 밝혀달라는 것이다. 몇 날 며칠 피해자 가족들은 땅을 치고 통곡할 일이 아닌가?

필자가 최근 광주민주화운동을 주제로 만든 '택시 운전사'라는 영화를 보았다. 영화관에서 영화를 보는 중에 옛날 광주민주화운동의 상황이 스크린에 재현된 것이다. 당시 상황이 필름처럼 주마등같이 머리를 스치는 것이었다. 거기에서 필자는 갑자기 눈물이 나서(아내와 같이 관람하러 갔는데) 혼자 소리 내어 펑펑 울었다. 옆에서 아내가 진정하라고 하였는데 쏟아지는 눈물을 멈출 수가 없었다.

필자가 이렇게 큰 소리로 우는 것은 아버지가 작고하셨을 때 장지에서와 영화관에서의 두 번째이다. 세상을 살면서 남자는 부모님이 타계하셨을 때 외에 절대로 눈물을 보여서는 안 된다고 듣고 자랐다. 그런데도 울지 않을 수가 없었다.

　　　　　　　　　　　사촌이 땅을 사면 배가 아프다

당시 장면을 스크린에서 보니 감정이입(感情移入)이 되었다. 아직도 그 아픔이 가슴속에 남아 있다는 것이다. 이러한 감정이 언제 치유될지 모르지만, 아마도 필자가 죽으면 모든 것이 잊히겠지 하는 것이다.

광주민주화운동의 수많은 얘기와 경험담이 있지만 글로써 모든 것을 밝힐 수 없다는 것이 안타까울 뿐이다. 광주민주화운동의 관련자들이 진실을 밝히지 않고 죽으면 피해자들은 억울해서 어떻게 눈은 감고 죽을 수 있느냐 하는 것이다. 죽은 자식이 다시 살아 돌아올 수도 없고, 피해 보상을 완전히 바라는 것은 아니지만, 이것이 필자가 겪은 그리고 경험한 그 시대의 진실, 사실일진대 가해자들 또는 다른 지방 사람들은 피해자 가족이 억지 쓰고, 떼쓰고 피해의식을 가지고 있다고 말할 수 있나요? 만약 내 가족이 그랬다면 그렇게 말할 수 있느냐 하는 것이다.

지금도 반대편에서는 광주를 방문하고 사죄한다고 하는데 그렇게 해서 이 아픔이 치유될 수 있겠느냐 하는 말이다. 아직도 매년 5월 18일에 죽은 사람의 묘 앞에서 흐느끼는 가족들이 있다. 그대들은 이런 아픔을 아는가? 하는 말이다. 죽어도 잊지 못할 경험(?)이다.

최근 태풍으로 포항의 한 아파트 지하 주차장에서 8명의 사망사고로 모든 국민이 안타깝게 생각하고 내 가족이었으면 어떠했을까 하는 심정으로 보도를 접하였다. 이러한 비극적인 상황을 최고 집권자가 방문하고 유가족들을 위로하고 하였는데 광주민주화운동에 대해 모든 국민이 위로하고 안타깝게 생각하고 있는지다. 5·18 이후 정치권에서 조금씩 변화된 움직임이 있는 것은 사실이다. 그러나 광주민주화운동을 대하는 행동이 미흡한 것으로 생각하는 것은 무슨 감정일까? 다른 장에서 '묻지 마 폭행'에 대한 언급을 하였는데 5.18을 경험한 사람들의 심정은 어떠하였을까?

광주민주화운동의 진압 발포 명령에 대해 지금도 밝혀지지 않았는데 필자도 추측만 하는 것이다. 그런데, 근래 뉴스 보도에서 5·18 직전에 당시 실권을 쥐고 있던 보안사령관이 광주 상무대를 비밀리에 헬기를 타고 방문했다는 보도를(사실을) 접했다. 이것은 필자의 추측이 심증으로 굳히는 결과가 되었다.

광주민주화운동 얘기가 나오면 지금도 진압군 쪽에서 '자위권 발동'이라고 하는데, 원인이 어찌 되었든 간에(원인은 물론 확실하나) 진압군이 총칼과 몽둥이(방망이)로 시위대를 제압하는 과정에서 실정법상 시위대가 무기고를 탈취하는 것은 위법이지만, 그러면 총칼 앞에 시민들은 맨손으로 방어하라는 말입니까? 죽음 앞에선 시위대도 목숨을 잃지 않기 위해 스스로를 무장을 해야 하는 것이 아닌지요. 원인을 얘기하지 않고 시위대의 무기고 탈취만을 강조하면 이것 또한 과정이 투명하고 결과가 정의롭고 공정하나요?

5.18진압군 측에서 자꾸 자위권 발동이라는 말을 하는데 독자 여러분은 최근 러시아와 우크라이나의 전쟁을 한 번 살펴봅시다. 5.18에서 자위권에 대한 정확한 비교가 아닐지라도 러시아가 땅따먹기 식으로 우크라이나의 영토를 침공하여 양측의 전쟁이 시작되었습니다. 러시아 측에서 속전속결로 끝내기를 원했지만, 우크라이나가 서방의 지원을 받고 결사 항전으로 단기간에 끝날 것이 아닌 상황에서 양측이 많은 사상자가 발생하고 피해를 보고 있습니다. 그래서 러시아는 자위권 발동으로 자국을 지켜야 한다고 말합니다.

가해자인 러시아가 자위권 발동이라고 말할 수가 있나요? 자위권이라함은 우크라이나 측에서 얘기해야 하지 않나요? 어떻게 원인 제공자인 가해자가 그러한 말을 할 수가 있나요. 이것이 말이 되느냐 하는 것이다.

독자 여러분은 정말로 가슴에 손을 올려놓고 한번 생각해 보시길 바란다.

광주민주화운동이 나오면 정치권에서 자유민주주의 및 민주화를 외친

사촌이 땅을 사면 배가 아프다

다. 민주화 문제는 과거 독재 시대에 나온 얘기다. 광주학생과 시민들이 과연 자유민주주의를 위해서 시위하였을까? 시위 발생 원인과 행동이 정치권에서 말하는 민주화 때문만은 아니라는 것이다. 자꾸 사건의 본질을 말하지 않고 추상적인 이념으로만 접근하는데 이렇게 해서는 문제를 해결할 수 없다는 것이다. 민주화의 이유도 있었지만, 정치적인 문제가 아닌 당시의 광주시민과 학생들의 개인적인 문제라는 것이다.

문제의 해결을 위해 우후죽순(雨後竹筍)이라고 말하면 너무하겠지만 몇 개의 5·18단체들이 있다. 하나의 단체로 뭉쳐서 정부와 대화하든지 해야지 여러 단체가 생기면 누구를 상대로 정부가 대화하고 해결해야 하는지, 이것이 정치권의 정당도 아니고 만약 정부가 A의 단체를 상대로 대화하고 하면 나머지 B, C, D의 단체들이 수긍할 것인가 하는 것이다. 혹시라도 정부에서 보상금이라도 준다면 다른 단체들도 자기의 몫을 챙기자는 의도가 아닌가 말이다. 5·18의 정통성을 대표하는 단체들을 선거라도 해서 일원화해야 한다는 말인지 도무지 이해가 가지 않는다는 말이다.

광주민주화운동의 사실을 밝히고 치유를 위해서는 지금이라도 관련자들이 '양심선언'이라도 해야 하는데 아직 그런 사람이 없는데 왜일까? 역사적으로 잘못된 상황이니까. 사후에라도 단죄되고 그 자손들이 국민한테 비난받을까 해서일까? 결국 진실은 밝혀진다고 필자는 생각하고 있지만, 통합과 진실, 치유를 위해서는 하루빨리 관련자의 양심선언이 있기를 바랄 뿐이다.

광주민주화운동의 여파로 필자가 입사 시험 때 면접관으로부터 항상 받는 질문이 있었다. 면접관은 필자에게 왜 그쪽 사람(광주광역시)들은 데모(시위)를 많이 하는가 하는 것이었다. 시위의 횟수나 규모를 보면 서울에서 더 많이 일어났어도 면접관의 의도에는 광주민주화운동에 대해 잘못된 인식이 마음속에 박혀 있는 질문이다. 질문의 의도 자체가 벌써 한쪽으로 기울어져 있다는 느낌이었다. 물론, 모든 언론을 통제하고 보도하였으니 내용을 모르는 일반인들의 입장에서는 시선이나 의식이 편향될 수밖에 없는 것이다.

필자는 그때만 해도 삶이 떳떳하였으니 학교에서 배운 대로 '선생님께서 1+1=2라고 가르쳤고 학생들은 그렇게 배웠는데, 사회에 나와 보니 정답이란 게 2만은 아니더라. 그런데 어떻게 이해를 하란 말인가.'라고 답한 적이 있다.

이러한 현상은 비단 광주광역시 출신만이 아닌 전 국민과 MZ세대들 모두에게 해당하는 의미일 것이다. 학교에서는 모든 일에는 과정이 투명하고 결과는 공정하고 정의롭다고 배웠는데 사회는 그렇지 않으니까 말이다. 이것을 어떻게 MZ세대들이 받아들일 수 있느냐 하는 말이다. 아무리 투명과 공정 그리고 정의를 외쳐도 허공에 메아리일 뿐이다. 작금의 의식으로는 현재도 미래도 이러한 현상은 바뀌지 않을 것이다.

필자가 캐나다에서 민물낚시를 하고 있었던 상황인데 한 분이 옆에 다가왔다. 출신은 영남이었다. 그분이 '왜 호남인들은 황색 바람(민주당에 몰표)으로, 영남도 한쪽에 많은 표를 던지고 있지만, 호남인이 민주당에 거의 몰표를 주고 있느냐?'고 물었다.

그래서 필자는 그 사람에게 물어봤다. "당신은 내 부모, 형제, 친구들이 죽고 아직도 행방불명인 사람이 있는 상황에 당신 같으면 그쪽 사람(호남의 반대편)에게 표를 줄 수 있겠는가?"라고 반문하니 아무런 말도 못 하고 입을 닫은 사실이 있다. 그래서 현실적으로 말한 것이다. 이렇게 얘기하면 영남인들은 호남인들의 피해의식과 열등감 때문이라고 말하는데, 현상을 정확히 파악하고 영남인들도 호남인들을 배려하고 가슴으로 보듬어야 한다.

이것은 최근 역사적 사실인데 과연 호남인들이 피해를 보지 않고 혜택

사촌이 땅을 사면 배가 아프다

을 받았는지? 피해의식이라고 말하는 분들은 왜 피해의식이라고 하는지? 본인들이 정작 피해라는 생각을 마음속에 두어서 아니면 어느 정도 피해를 준 사실이 있으니까 피해의식이라는 말을 하는 것이 아닐까? 이 문제는 피해를 받았다고 하는 측에서 풀 수 있는 문제가 아니라 가해한 측에서 결자해지(結者解之)의 입장에서 실마리를 풀어야 한다는 말이다. 왜 많은 표현 중 피해라는 단어를 사용하는지? 정치적인 얘기는 하지 않는 것이 원칙이나 제목의 건을 설명하기 위해서는 할 수 없이 언급해야 함을 독자들은 이해해주시길 바란다.

3장

도로와 교통상황

질서 의식

이것 또한 필자가 귀국해서 경험한 것이다. 대한민국의 교차로에 신호등이 없는 곳이 많이 있다. 캐나다와는 다르게 모든 교차로에는 볼록거울이 설치되어 있고 사방을 살펴서 운행하라는 것이다.

그런데 캐나다는 이런 모든 곳에 'stop' sign이 있다. 즉, 먼저 도착한 차가 정차하고 먼저 출발하라는 제도다. 그러니 사고가 적을 수밖에 없다.

만약 누가 지켜보지 않는다고 일단 정지하지 않고 속된 말로 슬슬 운행한다면 어디에선가 단속반이 나와 벌금을 부과한다.

한국의 회전교차로도 마찬가지다. 먼저 진입한 차량이 있으면 진입을 기다리는 차는 이미 진입한 차량이 교차로를 우선 진행할 수 있도록 기다렸다가 진행해야 하는데, 막무가내로 밀고 들어온다. 필자도 아파트의 회전교차로에서 순서대로 진행하겠지 생각하고 회전하던 중 쌩~ 하고 지나가는 차가 있어 사고가 날 뻔한 적이 몇 번 있었다.

면허증을 취득하기 위해 공부하고 시험을 보았겠지만, 규정이 있더라도 의식이 따라주지 않으면 뭐 하겠나? 그런데 대한민국에서는 이런 곳에서 교통사고가 자주 발생한다. 내가 먼저 운행하려고 하니 교통사고가 자주 발생할 수밖에 없다. 의식이 못 따라오면 관리감독이라도 잘해서 남을 배려하는 사고를 기르도록 해야 할 것이다.

이런 상황뿐인가? 일전에 필자가 시골을 다녀오느라 'KTX'를 타고 올라오는 길이었다. 종착역에 도착하여 택시 승강장을 찾아 기다리고 있었는데 대기 중인 빈 택시가 많이 있었다. 기차에서 내린 승객들이 택시 승강장에 도착하자마자 줄도 서지 않고 막무가내로 뒤에서 택시를 잡아타고 있었다. 이런 경우 다른 곳에서는 택시기사님들이 나서서 앞차부터 이용하라고 권유한 것을 몇 차례 경험했는데, 이번에는 택시기사도 승객도 아무런 조치 없이 승차를 하고 출발하는 것이었다. 너무 화가 나서 차례대로 줄을 서서 택시를 타라고 소리쳐 고함을 지르니 그제야 줄을 서는 것이 아닌가. 오래전에 이런 질서 의식이 없는 경우를 많이 보았다.

고속버스를 탈 때나 기차를 탈 때도 승차권에 좌석번호가 모두 표시되어 있고 차례로 올라타면 되는데, 차량이나 기차가 도착하자마자 먼저 타려고 승객들이 차량 문 앞으로 몰려드는 현상이 많이 있었다. 필자가 시골 출신이라 시골 버스는 좌석표도 없고 해서 그때는 그럴 수 있지 하고 이해했으나 지금은 제도나 의식들이 개선된 상황에서도 이런 일이 벌어지고 있는 것에 대하여 어떻게 생각하는가? 가정에서 학교에서 자식들에게 또는 학생들에게 질서를 지키라고 하면서 정작 본인들은 그렇지 않은 행동과 사고는 무엇인가?

엘리베이터 탑승에 관해 한번 얘기해 보자. 하강 버튼을 눌러놓고 기다리면서 올라가는 엘리베이터가 멈추면 장치에 분명히 삼각형의 불빛 표시가 위로 가는 것이라고 알려주고 있지만, 기다렸다 다시 내려올 때 탑승하면 되는데 무조건 올라가는 엘리베이터를 타고 본다. 무엇이 그리 바쁜지 참고 기다리지를 못한다는 것이다. 나이 든 어른들이라 그러겠지 하고 생각하는데 필자가 캐나다에 거주할 때 나이 든 분들이라도 이런 경우를 거의 보지를 못했다. 질서를 잘 지킨다는 것이다.

법에 관하여

법 얘기가 나왔으니 법에 대하여 언급해 보자. 대한민국은 무슨 법률을 그렇게 많이 만드는지? 물론, 법의 역사가 영국은 불문법 즉, 사회제도와 상식을 통해서 만들어진 것이고, 대한민국은 성문법 즉, 모든 사안을 법으로 제정해서 만든 것이긴 하나, 모든 사안을 법으로 제정하니 대한민국 사회에서 발생한 모든 문제를 법제화하고, 따라서 사건이 발생할 때마다 법률제정을 하자고 한다.

상식적인 사안을 국민이 지키지 않아 제도화한다고는 하나, 법이라는 것은 상식을 제도화하는 것이므로 상식선에서 판단하면 된다. 대한민국 사회에서는 모든 분야에서 사고가 나면 법으로 제정하자고 한다. 그래서 수많은 법과 규칙을 제정하고 있다. 상식선에서 해결하면 될 일을 말이다.

물론, 문제가 생기니까 지키라고 제도화하는 것은 맞고, 그렇지 않기 위해서 불문법을 따르자는 말은 아니다. 제발 법을 제정하는 국회의원들은 외유성 해외 출장을 가지 말고, 서구 사회의 장단점을 제대로 보고 공부하고 왔으면 한다. 가서 보고 듣고 하면 많은 부분을 파악할 수 있다. 다른 장에서 언급한 교차로 없는 삼거리 및 사거리, 낚시 문제 등 해외에 나가보면 금방 알 수 있는 것이다.

사촌이 땅을 사면 배가 아프다

한국의 교통과 도로 상황

책의 제목을 얘기하고자 하니 계속 정치, 경제, 사회문제를 언급하고 있는데 그렇지 않으면 설명하기 어렵기 때문이다.

교통과 도로 상황을 한번 보자. 현재 대한민국 사회와 경제가 많은 발전을 이루어 차량 보유 대수가 이제는 3인에 2대 정도라고 한다. 급속도로 증가한 것이다. 물론, 귀국해보니 필자가 경기도 고양시 일산에 거주하지만 '제2자유로'도 생기고 지방에 많은 고속도로도 생기고 지하철도 많은 노선이 운행되고 있다.

그런데 서울만 한번 보자. 청계고가도로를 없애고 그것이 부러우니, 다음 시장은 서울역 앞 고가도로를 없애고, 차량은 급속도로 증가해서 교통체증이 생기는데 이 무슨 해괴망측한 발상인가? 물론, 환경도 중요하지만, 교통지옥을 더 가중하고 인기영합적인 정책만 하는 것이다. 전임자가 그러했으니 후임자가 배가 아파 전임자의 정책을 따라 하고 전혀 자기의 생각이 없는 것이다.

미국같이 넓은 땅을 가지고 있는 국가도 3차 고가도로가 있다. 외곽지역은 땅이 넓으니 2층 이상의 상가도 거의 없다. 거의 단층 건물이다. 그래서 필자가 처음 미국에 갔을 때 건물이 모두 폭탄을 맞아서 그런가보다 했다. 땅이 넓음에도 불구하고 3차 고가도로가 있어서 운전하는데 '은하철도 999'를 타는 기분이었다.

전두환 전 대통령이 지탄을 받고 있지만 서울의 '88올림픽도로'와 '강변 북로'를 넓힌 것은 사실이다. 그 이후의 정권이 그런 것을 하였는가? 물론, 수도권 및 지방의 국가기간산업은 많은 발전을 했다. 하지만 대한민국의 수도인 서울의 차량 도로는 개선이 안 되고 더욱 악화하는 상황이고 차량의 증가 속도를 따라잡지 못하고 있다.

자유로를 한번 볼까? 필자가 이민하기 전 일산에 거주할 때 제1자유로는 교통 소통이 원활하였다. 향후 통일에 대비해서 임진각까지 시원하게 넓은 도로에서 출퇴근을 편하게 할 수 있었다.

귀국하여 보니 제1자유로 옆에 제2자유로도 생겼다. 그런데 아침에 서울로 가려고 하니 제1자유로는 도로가 아니고 거의 주차장을 방불케 하였다. 기름 한 방울 나지 않는 한국에서 도로에서 기름을 소비하며 서울까지 가는 데 시간이 많이 걸려서 지루할 따름이다.

서울에 직장이 있는 필자의 친구는 도로가 차량으로 너무 막혀 새벽 5시에 집에서 나와 서울 사무실 근처에 일찍 도착하여 사우나에서 한숨 자고 사무실에 출근한다고 한다.

이 무슨 경제적, 사회적인 낭비란 말인가? 일산신도시 옆에 운정신도시가 들어서고 많은 인구가 유입된 것으로 알고 있다.

필자가 귀국 후 첫해에 추석 명절을 지내기 위해 일산에서 서울로 가는 중이었다. 시간상으로 도저히 도착할 수 없다고 판단하여 내부순환도로를 택했다. 입구에 막 들어서니 그곳도 상황은 같았다. 이건 도로가 아니라고 생각하여 처가에 전화하여 차가 너무 많이 밀려서 갈 수가 없다고 하고 일산으로 다시 돌아온 경험이 있다.

물론, 신도시 설립 시 환경평가나 교통평가를 하였을 것이다. 그래서 제2자유로를 건설했을 것이라고 생각된다. 그런데 이것을 제대로 평가하였느냐 하는 것이다. 제2자유로는 한산하고 제1자유로에는 차량이 몰리는

사촌이 땅을 사면 배가 아프다

현상이 아닌가? 정책을 입안하고 계획했던 분들은 이러한 교통지옥에서 출퇴근을 해보셨는지?

미국의 텍사스의 예를 들었지만 이러한 경우에는 3차 고가도로뿐만 아니라 10차 고가도로라도 건설해야 하지 않을까?

교통 문제에 따른 주차장 문제를 살펴볼까? 인근 주택가에 다세대주택이 많이 있는데 차량 증가로 주변이 주차 전쟁이다. 도로의 양옆으로 줄지어 주차해놓아 골목길을 운행할 때는 부딪힐까 무섭다.

다세대주택은 아마 주차장으로 사용하는 지하공간이 거의 없는 것으로 알고 있고 대부분 1층을 주차장으로 준공 때 허가받았을 것이다. 그런데 실상을 보면 주택가 다세대주택 1층도 거의 주차장 대신 상가로 개조해서 사용하고 있는 것 같다.

캐나다의 경우라면 아마 위반건축물로 건물을 부쉈을 것이다. 주인 입장으로는 지하 공사까지 하자니 건축비가 많이 들 것이라고 생각해서 정부가 묵인한 것은 아닌가 하는 생각이 든다.

교통 문제가 나왔으니 다른 한 가지를 얘기해 보자 지금은 차량도 증가하여 거의 모든 분이 운전하는 상황이다. 지방은 모르겠지만 서울 주변을 운행하다 보면 과속단속카메라가 설치되어 있다. 보통 시내 주행은 시속 60㎞로 감시하고 있다.

요즘의 차량은 전방의 모든 과속단속카메라를 인지하고 운전자에게 알려준다. 그래서 운전자는 시속 60㎞가 규정속도라고 인지하고 운행한다. 그런데 갑자기 시속 50㎞ 감시카메라가 운전자 앞에 보이는 것이 아닌가? 갑자기 놀라서 급브레이크를 밟는다.

그러면 차량 전용도로인 강북강변도로와 88올림픽도로는 어떠한가? 대부분 시속 80㎞로 감시카메라가 작동되고 있다. 그래서 규정속도를 지키면서 운행하고 있는데 갑자기 앞에서 시속 70㎞가 보인다. 여러 번 당황

하여 급브레이크를 밟은 적이 있다. 사고가 날 뻔한 것이다.

지금 코로나 시절에 이 글을 쓰고 있지만 '이것이 과연 잘하는 행정인가.' 하고 반문하고 싶다. 코로나로 인한 재난지원금이 많이 지급되는 한편으로는 정부 재정이 부족해서 국민(운전자)을 봉으로 알고 이렇게라도 해서 범칙금을 부과하여 충당하려고 하는지 이런 생각이 들 수밖에 없다.

그러면 재난지원금을 지급하지 말든지 아니면 과속단속카메라를 일정하게 하여 예측할 수 있게 하든지 둘 중의 하나만 하지….

이것은 내가(운전자) 낸 범칙금으로 재난지원금을 받는 것은 아닌가? 실로 '장님 제 닭 잡아먹기'와 같이 '눈 가리고 아웅' 하는 현실이 아닌가?

이런 행정정책을 과연 운전자들이 신뢰하겠는가 하는 말이다. 실로 운전자(국민)를 전혀 배려하지 않은 행정 처리이다.

차량 속도를 말하자면 북미의 경우와도 또 비교가 된다. 우리나라의 경우 경, 소형차는 시속 60~70㎞, 중형차는 80㎞, 대형차는 80~90㎞ 정도가 적절할 것이라고 인터넷을 검색하면 나온다. 그래서 시내 등 일반도로의 경우 주로 시속 60㎞ 정도가 가장 적절한 친환경 경제운전이라고 기사가 나온다. 그러면 시내 또는 고속화도로의 50㎞, 70㎞의 속도측정기는 무슨 근거에 의해서 설치되어 있는가?

필자가 거주했던 밴쿠버의 차량 규제 속도는 거의 일률적으로 시속 80㎞로 설치되어 있다. 그런데 미국 오리건주의 포틀랜드 시내는 시속 70마일(약 113㎞)이다. 그래서 밴쿠버시에서 운전을 하다 포틀랜드시에서 운행하면 차량들이 너무 빨리 달려 어지러울 지경이다. 미국은 경제속도를 몰라서 시속 70마일로 설치했나? 이들은 시속 50㎞, 60㎞를 모르나? 이것 때문에 차량의 흐름을 방해해서 교통체증이 일어나지는 않는가? 한번 생각해 볼 문제다.

필자가 자주 한국 생활을 캐나다와 비교하게 되는데 차이점이 분명히

사촌이 땅을 사면 배가 아프다

있어서 그러는 것이다. 고속도로나 4차선 도로 상황을 한번 비교해 볼까? 요즘 차량의 대수가 많이 증가하고 성인 남녀 거의 운전을 하고 있는 실정이다. 4차선 도로는 모두 주행선과 추월선이 구분되어 있는데 추월선은 급한 경우나 저속 주행하는 차량을 추월하여 운행하라고 알고 있다. 캐나다에서는 저속차량이 추월선에서 주행하면서 뒤쪽에 차량 5대가 붙으면 단속하여 벌금을 부과한다. 차량의 운행을 방해한다는 의도인 것 같다. 이것이 얼마나 합리적인 제도인가.

4차선 도로에서 한쪽 방향은 추월선 주행선으로 되어있다. 운행하다 보면 교차로에서 자주 우회전을 하게 된다. 예전에는 주행선은 도로에 우회전 표시가 되어 있고 그래서 운전자도 당연히 오른쪽으로 주행하였다. 미국에서도 우측 차선은 '반드시 우회전하라(right turn only).'라고 표시된 곳이 많다. 혹시라도 직진 차량이 우측 차선에서 우회전하려는 차량을 막고 있을 때 직진 차량이 1차선으로 차를 양보하는 경우가 많았고, 비켜주지 않을 때는 우회전 차량이 경적을 울려 교통 소통이 원활하게 되었다.

그런데 지금은 차량이 많아서 그러한지 직진과 우회전의 표시가 같이 되어있다. 우측 차선에 있는 직진 차량은 뒤에 우회전 차량이 많아도 비켜주지 않는다. 물론 직진과 우회전의 표시가 같이 되어있어서 직진 차량도 본인의 권리가 있다고 생각해서인지 교통 소통에는 아랑곳하지 않는다. 행여라도 뒤차가 경적을 울리면 불법인 것이다. 그래서 우회전 차량은 직진 신호로 바뀔 때까지 속절없이 기다리게 되는데 이것이 직진 차량을 보호하려고 하는 것인지 교통 소통에 관심이 없어서인지 생각해 볼 문제다. 필자는 지금도 예전 기억과 우회전 차량을 배려해서 횡단보도지만 빨간 신호등일 때는 1차선으로 차를 빼주곤 한다.

야간신호등의 점멸등을 한번 볼까? 야간에는 교통량이 적고 도로를 건너는 행인도 적어 가끔 점멸등으로 해 놨다. 캐나다는 가로등도 많지 않아서 밤거리가 어둡지만 4차선 이상의 주도로를 제외한 이면도로에 신호등은 밤 12시 이전이라도 거의 점멸등으로 해 놓았다. 주도로의 신호등도 어느 곳은 교통량 및 보행자를 예측하여 점멸등으로 해놓았다. 그런데 한국의 이면도로를 야간주행하다 보면 어느 곳은 되어 있고 어느 곳은 교통량이나 보행자가 적은 밤 12시 이전에도 신호등이 작동되고 있다. 필자도 속절없이 신호를 기다린 적이 있고, 불법인 줄 알지만 무시하고 그냥 주행한 적도 있다. 바쁜 것은 아니지만 필자도 신호가 바뀌는 것을 기다리는 것이 어려운 것이다. 밤 12시 이전에 모든 신호등을 점멸등으로 하는 것이 교통사고의 증가로 이어질 수도 있으나 원활한 차량의 흐름을 고려할 때 한 번쯤 생각해 볼 문제다.

도로에 설치된 과속신호 감시카메라를 한번 살펴볼까? 운전을 하다 보면 중간중간 과속카메라가 설치되어 있고 필자 같은 경우도 자주 다니던 길은 어느 곳에 설치되어 있는지 인지하고 없는 곳은 약간 과속하여 운행하고 있는 곳은 미리 속도를 맞춰 운행을 하곤한다. 그런데 나중에 보면 있던 카메라는 없어지고 새로운 곳에 다시 설치되어 있는 것이다. 물론 규정 속도로 운행하여 교통사고를 예방한다는 취지도 있지만 왜 많은 예산을 낭비하면서까지 있던 곳을 없애고 다른 곳에 다시 설치하느냐 하는 것이다. 이렇다고 운전자가 다른 곳에서 과속을 하지 않을까? 마찬가지일 것이다.

4장

북미인의 사고

북미인의 사고

북미사람들의 주택과 생활의식을 볼까? 이 사람들은 대한민국과 같이 주택(특히 아파트 등)에 대하여 별로 신경을 쓰지 않는다는 것이다. 주택은 내가 잠을 자고 거주한다는 생각과 인식이다. 우리나라는 땅도 좁고 해서 부동산 투자로 돈도 많이 벌고 수년 전부터 지금까지 부동산 문제로 사회적으로 이슈가 되고 있다.

북미사람들은 집을 선택할 때 우리가 볼 때 달동네라고 할 수 있는 언덕의 산속을 택하여 마련한다. 재산이 많은 사람일수록 높은 산 속으로 들어간다. 그래서 영어단어 중 down town이라는 것이 한국말로 '시내(市內)'라는 것인데 언덕 아래에 있는 도시이므로 그러한 어원이 되지 않았을까 생각한다. 소유한 재산 가치보다는 생활환경 즉, 시야(view)와 주변 녹지를 중요시한다는 것이다.

캐나다의 주택을 한번 살펴볼까? 우리가 부르는 단독주택을 하우스(House), 고층아파트는 콘도미니엄(Condominium), 4, 5층짜리를 아파트로, 주택의 형태나 밀집되어 이웃집과의 이격 거리가 1m도 되지 않고 2, 3층의 개별주택으로 집단으로 지어진 형태를 타운하우스(Town House)라고 칭한다. 일반적으로 하우스가 콘도에 비해서 가격이 높고 정원에 잔디나 나무를 심어놓아 자연친화적이고 이웃과도 밀착이 안 되어 선호하는 경향이 있다.

사촌이 땅을 사면 배가 아프다

그곳에서 한번은 대한민국같이 학군이 좋고 시야가 좋다는 이유로 주택가격이 갑자기 폭등한 적이 있었다. 그래서 정부에서 시가의 80% 수준의 과세표준으로 보유세를 올린 적이 있었다. 그러니 집주인은 세금을 견딜 수가 없어 집을 팔고 상대적으로 집값이 저렴한 다른 지역으로 많은 사람이 이사하는 상황이었다. 정부는 조절 기능을 잘하고 국민은 따르는 것이다.

부동산 가격이 오르니 시야가 좋은 곳에 분양을 하는 아파트가 있었다. 그런데 한국인들은 대한민국에서와 같은 방식으로 의자를 놓고 줄을 서서 밤을 새워 기다리는 촌극을 보였다. 대한민국의 방식을 이곳에서 까지 적용하려 하고 있다는 것이다. 그렇다고 분양된 아파트 가격이 많이 올랐는가, 하면 조금은 올랐겠지만 그렇지 않다는 것이다. 한국인들은 주택문제에 부와 안정을 위해 가히 목숨을 건다고 할 수 있다.

이곳의 직장생활자들의 행태를 보면 우리 같으면 한 푼이라도 모아 주택 마련을 위해 저축하지만 이곳 사람들은 일 년 월급을 모아 국내외로 여행을 한다는 것이다. 매년 똑같은 패턴으로 말이다. 그만큼 주택 가격이 오르지도 않지만, 미래 또는 사후보다 현재의 생활이 중요하다는 것이다.

주택에 대해 우리와 다른 나라 사고방식의 예를 말해볼까 한다. 직장 다니던 시절 리비아를 방문한 적이 있었다. 당시 리비아는 미국의 제재로 수도 트리폴리 공항의 비행기 이착륙을 못하게 되어 튀니지 공항에서 내려 육로로 리비아에 가는 상황이었다. 트리폴리로 가는 도중 도로변에 사하라 사막이 인근에 있어서 그런지 아스팔트 위로 모래가 흩날리며 주변에 올리브나무가 많이 있었다. '아~ 이런 곳에서 살기는 힘들겠구나.' 하고 생각하는데 시야에 들어오는 풍경이 있었다. 주택을 건설하다 만 채로 집터만 만들어진 채로, 또는 벽 일부만 지어진 채로, 그리고 지붕만 남겨둔 채로 지어진 집을 많이 보았다. 마치 폭탄 맞은 집 같이 보였다. 그래서 동료에게 물어봤더니 이 나라 사람들은 자금을 모으는데대로 집을 짓고 돈이 없으면 중단하고 나중에 여유가 있으면 또다시 집을 지어 평생 집을 마련한다고 했다. 우리 같이 돈을 모아 거액을 일시에 대출하여 집을 마련하는 것과는 생각이 다른 것이다. 물론 아파트의 경우는 본인이 집을 지을 수 없어서 다른 경우지만, 우리와는 분명히 생각 차이가 있다. 주택의 경우가 아니지만 이민 시절 캐나다 여자가 젊었을 때 요트를 갖고 싶었는데 돈이 없어 20년 정도 직접 배를 건조해서 결국 배 한 척을 마련했다고 한다. 중학교 동창인 절친도 현재 집에서 보트를 만드는 중이다. 우리나라에도 이런 사람이 있구나, 하고 감동했다.

이렇듯 우리와는 의식 차이가 있는 것이고, 우리가 인생을 살면서 돈의 편리함 때문에 부동산에 의한 자산증식에 집착하고 돈으로 인해서 모든 어려운 문제가 발생하는 것이다. 타인이건 내 가족이든지 간에 그래서 '인생난사는 금전사'인 것이다.

북미식 교육

    필자가 이민하게 된 동기를 말하고자 한다. 필자가 좋은 나라에서 혼자 편하게 살기 위하여 택한 건 아니다. 그러면 무엇 때문이었을까? 자식들의 교육을 위해서다.

    필자가 회사에서 미얀마 주재원 생활을 하고 대한민국에 돌아온 후, 큰아들이 영어 공부를 지속하기 위해서 학원에 다녔었다. 그 당시에 큰아들은 초등학교 6학년이었다.

    한번은 큰아들이 학원에서 '인간이 어떻게 태어났을까?'라는 논술을 쓰라는 것이었는데, 그때 같이 다니던 중학생들은 한 글자도 쓰지 못하고 백지를 제출하였는데, 필자의 아들은 논리정연(論理井然)하며 진화론적인 방식으로 영문 논술과제를 제출하였다.

    그래서 필자는 외국(영어)식 교육방식이 월등하다고 판단하였고 학생들을 창의적으로 교육하고 즉, 대한민국에서와 같은 주입식 교육이 아니라고 생각되었다. 개인의 차이를 발휘해줄 수 있는 것이 서양의 교육방식이라고 깨달은 것이다.

    최근 어느 신문의 논고에서 서울대의 강의 중 10% 정도는 창의적인 아이디어 수업이 되어야 한다고 서술하였다. 교수가 학생들에게 창의적인 아이디어를 제출하라고 하면 쉽게 나올까? 스스로 아이디어를 내야 하는데 다른 단락에서 태양광에 대하여 언급하였지만 사회와 경제 제도가 이것을 막고 있는데 교육만으로 어떻게 창의적 사고가 일어나나? 이렇게 개인의 사고가 무시당하는데 가능할까?

그러니 작금의 상황도 기초학문은 미국(외국)을 따라갈 수가 없고 과학분야의 노벨상도 나오지 않고 있는 현실이다. 그래서 한국의 제조회사들이 제품을 개발하여 돈을 벌어들이고 수출하고 있는데 완제품에 들어가는 주요 부품은 미국 등 선진국에서 개발한 것을 많은 로열티를 지불하고 기초부품은 서양에 의존하는 것이다.

영어교육에 있어서 대한민국의 학생들은 대학교 과정까지 열심히 공부하였으나, 외국인을 만나면 말문이 막혀서 대화 한마디 못하는 실정이다.

물론, 영어교육의 목적이 대한민국은 대학을 졸업하여 미국(해외)에 유학해서 학문을 배워야 하니 생활영어를 배우기보다는 처음부터 문법을 중시하는 외국어를 학습하다 보니 그러한 차이가 발생하는 것이다.

그럼, 생활영어를 잘하기 위해서는 모든 생활에서 영어를 사용하여야 하고 뉴스 방송도 미얀마나 중국과 같이 자국어와 똑같은 내용을 한 번 더 영어로 방송하는 등 듣고 말하기를 생활화해야 할 것이다. 이렇게 하면 대한민국 사회는 영어 표현을 많이 사용하는 데도 불구하고 분열되고 논란의 사태가 발생할 것이다.

캐나다인의 존경하는 직업군

　캐나다 국민에게 제일 존경하는 사람이 누구냐고 물으면, 그 사람들은 주저 없이 소방관과 의사라고 답한다.

　의사 얘기를 한번 해보자. 앞서 대학원 얘기도 했으나 대한민국 사회는 왜 그렇게 의사를 폄훼하고 시기·질투하는지 물론, 좋게 생각하는 사람도 많이 있다. 의사가 되기 위해 공부도 열심히 하고 노력도 했지만, 사회에 나와 일반인보다 높은 급여를 받는다는 사실 하나만으로도 시선이 곱지 않다.

　그러면 당신들은 의사가 되기 위한 과정을 아는가? 경험해 보았는가 하는 말이다. 곁에서 본 의사의 생활과 노력은 사실 힘들고 눈물겹다. 공부도 공부지만 의대를 졸업하고 인턴과 레지던트과정의 수련까지 3일에 2일 정도는 당직을 수행한다. 당직이라는 것이 24시간 날밤 근무하는 것이다. 여러분은 3일에 2일간 밤낮을 세우고 일하라고 하면 하겠는가?

　그런데 수련의(修鍊醫) 과정에서는 급여도 높지 않다. 거의 일반회사원 수준이다. 다만 수련의 과정이 끝나고 정식의사가 될수록 조금씩 높아지는 것이다. 결과만 보고 과정을 무시해도 되는가? 필자라면 그러한 공부나 당직을 하고 싶지 않다. 급여를 많이 받는다고 해도 말이다. 공부도 공부지만 수련의들은 그런 고생과 박봉(노력 정도에 비해)에도 히포크라테스의 선서처럼 인간을 위해 열심히 의료행위를 하고 싶어서 의사의 길에 들어섰을 것이다. 필자가 모텔을 인수하기 위해 한국의 면소재지 단위, 인구 약 2천 명 거주지를 방문한 적이 있었다. 캐나다인 모텔 주인에게 시골이다 보니 남은 시간을 어떻게 보내느냐고 물었더니 소방서에서 자원봉사한다고 답변했다. 이러한 과정을 알기 때문에 캐나다 사람들은 제일 존경하는 사람을 감히(?) 의사와 소방관이라고 답하는 것이다.

소제목과 다른 얘기지만 캐나다의 간호사를 한번 볼까? 병원에 입원 중인 환자가 아무리 치매나 중환자일지라도 한국과 같이 가족이나 또는 돌보미가 환자와 같이 병실에서 침구류 등을 가지고 밤을 지새울 수가 없다. 가족들은 단지 얼굴 보며 면회만 가능하다. 그러면 이런 중증 환자 대소변 등 모든 케어를 누가 하느냐 하면 캐나다 간호사들이다. 여러분들이 국내 간호사라면 이러한 일을 할 수 있나? 그러기 때문에 이곳 간호사들의 급여는 필자가 거주할 당시 기준으로 캐나다화 월 3,000불(한화 약 3백만 원)의 꽤 높은 수준이어서 대학을 갓 졸업한 이민자 여학생들에게 인기 있는 직종인 것이다. 여러 번 언급했지만 외국의 좋은 제도라는 것을 모방하여 많이 따라 하면서 이러한 간호 시스템은 도입하지 않는지. 물론 인건비 등 정부예산이 더 투입되는 것이지만 한번 생각해 볼 문제라는 것이다.

사촌이 땅을 사면 배가 아프다

북미의 어린이 안전

안전을 하나 더 살펴볼까? 북미의 경우엔 12세 이하의 어린이는 절대로 혼자 둘 수 없게 되어있다. 집에서나 차 안에서도 절대로 안 된다. 이것을 위반할 경우에는 벌금도 과하지만, 보호자가 구속될 수도 있다. 그러니 어린이의 사고 발생률이 낮은 것이다. 우리는 자주 유치원생이나 어린이집의 차량 등에서 불미스러운 일들이 발생하곤 한다.

다른 단락에서 벌금에 관하여 얘기하였지만, 북미에서는 과태료가 엄청 높고 처벌 수위가 세기 때문인지 안전의식에 대한 인식이 높다는 것이다. 대한민국도 이러한 규정이 있는 것으로 알고 있지만 처벌이 약하니까 (?) 무시하는 것으로 생각한다.

5장

타인에 대한 배려

이케아 매장 관련

　대한민국에서 외국계의 매장(IKEA)을 오픈했는데, 캐나다에서 경험한 바로는 그곳에 몽둥이 연필이 제공되어 있다. 소비자가 무상 제공된 연필을 사용해서 주문서를 작성해 매장에 제출하라는 것이다. 그런데 이케아 매장에 몽둥이 연필을 제공했는데 소비자들이 모두 가져갔다고 한다. 물론, 캐나다에도 도둑놈이 없는 것은 아니다. 정말 한심한 생각이 들었다. '나와 내 것만 챙기면 그만이다.' 하는 사고방식이기 때문이다.

　일전에 어느 대중탕에 갔었는데 그곳에서는 '훔친 물건'이라고 인쇄해 놓은 수건을 보았다. 이 무슨 거지 근성인가? 사회가 모든 국민을 도둑놈(?)으로 키우고 있는가? 왜 이럴까? 도둑심보나 불법일지라도 내 것만 챙기는 이기적인 습성인 것이다.

　과연 손님들이 내 집이라고 생각한다면 이렇게 할까 하는 의문점이 들었다. 어떻게 타인에 대한 배려와 생각도 없이 자기 자신만 만족하면 된다고 하는 행동을 할까. 심히 실망하고 있는 상황이다.

　이것뿐일까? 필자가 일찍 골프를 시작하여 지금까지 필드에 많이 나갔었다. 가서 보면 연습장에서 사용되는 볼이 여기저기에서 가끔 발견되었다. 아시다시피 정상적인 골프공보다 질이 좋지 않고 하여서 비거리도 안 나오고 말 그대로 연습용 공인 것이다. 그런데 어떻게 연습장의 볼이 필드에 있을까? 하고 생각하여보면 아마도 초보 골퍼들이 가져(훔처)왔다고 생각할 수가 있는 것이다. '골프공 가격이 얼마나 된다고, 골프가 비용이 많이 들지만 매너 스포츠인데 이렇게 연습장의 볼을 훔쳐 와서 사용하는가.' 하는 생각이 든다. 실로 한심할 뿐이다. 남의 것을 내 것인 양 하는 사고가 아닌가? 내 물건이 소중하다면 남의 물건도 소중하게 생각하여야 하는데 전혀 남을 배려하지 않고 나만 만족하면 된다는 사고다.

중국 속담에 '남의 집을 방문하고 절대로 빈손으로 나오지 말라.'는 말이 있다. 그래서 중국인을 말하면 돈이 떠오르고 '비단장사 왕서방'이라는 말이 나온다. 필자가 이민 시절에 밴쿠버의 한국인이 운영하는 마트 앞에서 붕어빵을 팔고 있는 사람과 얘기를 나눈 적이 있다. 그 사람의 얘기가 중국인들을 상대하기가 싫다고 했다. 붕어빵을 서너 개 구입하고 옆에 비치한 휴지를 한 움큼씩 가져간다고 한다. 휴지가 필요하면 한두 장 사용하면 되는데 그들은 다른 부분에서 꼭 이득을 보려 한다고 볼멘소리를 하였다. 우리도 이러한 영향을 받지 않았나 하고 다시 생각해 볼 수밖에 없다.

캐나다인들은 안 그럴까? 상황은 조금 다르지만, 우리가 알고 있는 대형마트인 코스코(Costco)에서 고객이 구입한 모든 상품에 대해서 환불을 요구하면 이유를 묻지도 않고 무조건 해 준다. 소비자를 위해 그런다고 하지만 북미인들은 이것을 악용한다. 이런 식으로 계속 새 물건을 사용하고 반납하면서 생활하는 사람도 있다고 한다.

일단 구매하여 한 달 정도 사용 후 환불 요청을 하면 회사는 응해준다. 환불 비용은 납품업체에 전가하여 납품 대금에서 공제한다. 납품하는 업체는 장사를 못 해 먹겠다고 볼멘소리를 한다.

한국 속담에 '못 먹는 감 찔러나 본다.', '남의 손에 있는 사과가 맛있게 보인다.'라는 것이 있다. 왜 못 먹는 감은 찔러보는가? 내가 먹지 못하니 남도 못 먹게 하는 것인가? 내 손에 있는 사과도 맛있고 남의 손에 있는 사과도 맛이 있을 것 같은데 말이다.

삼강오륜(三綱五倫), 사서삼경(四書三經), 논어(論語), 맹자(孟子) 등 좋은 말이 많이 있다.

한국인들은 부지런하고 끈기가 있으며, 열정적이고 바른생활 등 많은 장점을 가지고 있다. 그러면 좋은 것은 계승·발전시키고 나쁜 것은 개선해야 될 것이다.

사촌이 땅을 사면 배가 아프다

타인에 대한 배려

 '타인에 대한 배려'에 대해서 필자가 캐나다에서 느낀 점은 그곳의 학생들이 훨씬 타인에 대한 배려가 높다는 경험을 했다. 우리는 책이나 학교에서 그리고 부모가 가르칠 수 있다고 생각하지만, 그들은 사회에서 타인에 대한 배려란 생각을 배운다.

 필자가 캐나다에 가기 전에 대한민국 사회에서 경험한 바로는 복잡한 지하철, 버스, 도로를 지나다 다른 사람과 부딪히는 경험을 많이 했다. 한국인들은 대부분 아무 말 없이 그냥 지나치지만 서양인들은 옷깃만 스치더라도 "sorry(미안합니다)."라고 하면서 간다. 작은 것이지만 큰 차이가 있다.

 우리가 일상에서 접하는 출입문의 경우를 한번 살펴보자. 한국에서는 앞서가는 사람은 본인이 들어가면서 뒷사람은 생각지도 않는다. 이럴 경우에는 문에 부딪칠 뻔하고 뒷사람은 다시 문을 열어야 하는 번거로움과 수고스러움이 있다. 그런데 처음 캐나다에 이민하여 출입문을 통과하는데 예외 없이 모두가 뒷사람을 배려하여 안전하게 출입하도록 문을 잡아주고 있었다. 저절로 입에서 "땡큐." 소리가 나왔다.

 이것은 서양 사람들의 의식과 행동이 철저히 몸에 배어있다는 것이다. 사소한 것이지만 무척이나 감동스러웠다. 타인에 대한 배려를 학교에서 책으로 배우지 않고 실생활에서 어린이들이 보고 자란다는 것이다.

필자도 캐나다에서 거주할 때는 항상 그렇게 하였는데 귀국하여 아내와 함께 문을 출입할 때 그렇게 하지 않아서 아내가 문에 부딪칠 뻔하였는데 캐나다에서는 몸에 배도록 타인을 배려하였는데 왜? 귀국하여 다시 그러할까 하고 뒤돌아 생각하면서 민망하였다. 이것이 의식 때문인지 사회환경 때문인지 나 자신이 부끄러웠다.

다양한 자원봉사나 노인들을 돌보는 봉사활동을 통해 사회를 배우고 배려하는 마음도 배운다. 그리고 이것을 입학시험에 반영하고 있다.

귀국해 보니 우리나라도 자원봉사 등을 생활기록부에 반영하고 대학 입학시험에 반영한다고 한다. 그런데 상황을 보니 우리나라 사람들은 생활기록부를 조작하고 뇌물을 주고 위조한다. 이것은 근본적으로 취지가 다르고 더 나쁜 것을 사회가 가르치고 있다.

이 문제는 아무리 좋은 제도를 도입해도 나만 잘되면 된다는 타인에 대한 배려가 없는 사회에서는 제대로 작동될 수가 없다.

그러면 이런 문제를 어떻게 풀 것인가? 필자의 중, 고등학교 시절에는 가정에서 배우지 못하면 윤리, 도덕, 역사 등의 교과목에서 배웠다. 그런데 현재 대한민국교육은 어떠한가? 대학 입학만을 목적으로 국어, 영어, 수학만 중요시한다. 이런 교육을 받고 사회에 나온 청소년은 어떠할까? 이들을 교육, 교화시키는 사회적비용이 클 것이다.

다른 장에서 여러 가지 사회문제를 말했지만, 우리 사회의 '묻지 마 폭행'을 볼까. 이것은 '왕따'와 마찬가지로 필자가 젊었을 때는 뉴스에 많이 나오지 않았다. 요즈음에는 가끔 보도가 나오곤 한다. 물론, 북미도 '묻지 마 총격사건'이 있는 것은 사실이다. 빈도와 횟수의 문제이지만, 범죄가 실정법을 위반한 것이 사실이므로 체포해서 구속해 교도소에 보낼 것이다. 그런데 독자들도 왜 이런 범죄가 발생하는가를 생각해야 한다. 본인의 화난 감정을 억제할 수 없어서 그럴 것이다. 무엇 때문에 그러느냐 하는 것

사촌이 땅을 사면 배가 아프다

이다.

그럼 이런 범죄를 저지른 사람이 교도소에 다녀오면 그렇지 않을까? 다른 사람들은 안 그럴까? 물론, 한번 혼이 났으니 본인이나 타인은 안 그럴 수도 있다. 근본적인 원인을 파악해서 대처해야 한다는 것이다. 필경 이런 사람들은 가족이나 사회에 불만을 품었으리라는 것이다.

사회가 과정이 투명하지 않고 결과가 공정이나 정의롭지 않으니 본인들이 화를 참지 못한다는 것이다. 아무리 이런 짓을 하지 말라고 교육하고 체벌을 해도 사회가 정당성이 없으면 현재도 앞으로도 이런 문제는 발생할 것이다.

역사를 통한 배려

말이 다른 곳으로 샜는데 이스라엘과 중동문제도 보자. 양측이 서로 반목이 되어 투쟁이 끊일 날이 없고 앞으로도 계속 그럴 것이다. 역사적, 이념적으로 복잡한 문제가 자리 잡고 있다.

사실 이슬람이 신봉하는 성인 '모하메드'도 구약성서에 나오는 인물이다. 같은 뿌리인 성경인데 왜 두 민족은 서로 싸우고 있을까? 그리고 왜 이슬람과 서양은 서로 충돌하고 서양 사회에 테러를 가하고 있을까?

필자가 일전에 어느 책에서 읽고 이해가 갔다. 무슨 말이냐면 서양 사회의 가톨릭(구교)은 정치와 종교가 따로 가고 있다. 즉, 정치제도라는 국가가 있고 바티칸 (교황)과 분리되어있는 것이다. 그러나 이슬람문화는 정치와 종교가 같이 가고 있다. 그래서 기독교(가톨릭)이 싫은 것이고 서양이 싫은 것이다. 따라서 서양에 대한 테러가 끊이지 않고 있다.

물론, 영토 문제도 있지만 이런 이념적 다름이 도저히 서양과 이슬람 문화가 화합할 수 없고 충돌하는 것이다. 양보와 서로를 인정하지 않는 한 앞으로도 영원히 그럴 것이다.

대한민국과 일본과의 문제(역사적 문제지만)도 그렇고, 앞서 언급한 광주 민주화 문제도 그렇고 서로 화합이 쉽지 않을 것이다. 필자가 무슨 애국지사도 아니고 달변가나 작가 그리고 정치가도 아니다. 그런데 현재상황을 주시할 때 안타까워서 글을 써본 것이다.

사촌이 땅을 사면 배가 아프다

왕따 문제

대한민국 사회의 왕따에 대해서 말해볼까? 필자가 어렸을 때 왕따라는 말은 들어 본 적도 없었고, 그런 말 자체가 없었다. 우리나라에도 '콩 한 조각도 나눠 먹는다.'라는 좋은 표현이 있다. 어린 친구라서 그런 것은 아니지만, 친구를 배려하고 서로 도와주고 격려하는 그런 추억이었다. 그런데 지금은 학교에서나 또는 직장 내의 사회생활에서도 왕따 얘기가 나온다. 이것이 과연 가정에서나 학교에서 그렇게 하라고 가르쳤을까 하는 생각이 든다.

왜 우리 사회가 이러한 문제 때문에 고민하고 사회적 문제가 발생하는 것이냐 하는 것이다. 나보다 더 약하다고 무시하면서 깔보고, 나보다 더 잘났으니까 시기와 질투를 하는 것일까? 결국은 남을 배려하는 생각이 없다는 것이다. 아무리 약자라도 나의 친구인데 진정한 친구라고 생각한다면 그러한 행동을 할 수 있단 말인가?

무엇이 잘못되었을까? 어디서부터 이런 것일까? 결국은 사고방식의 차이. 가정교육이든 학교교육이든지 간에 실생활의 교육이 잘못된 것이라고 생각한다. 어렸을 때부터 인성교육이 적절하지 못하니 이러한 일이 발생하지 않을까?

그러면 북미에서는 왕따가 없을까? 이곳도 사람 사는 사회이고 이민자들을 받아들여 여러 민족이 같이 살고 있기 때문에 인종 갈등이 상존하고 있고 다른 왕따 요인들도 있어 한국과는 달리 한번 발생하면 대형사고가 있다는 것이다. 미국은 총기 소유가 자유이다 보니 왕따 피해를 당한 자는 최근 보도나 이전에도 총으로 시민과 학생들을 무차별 사살하고 끔찍한 일이 벌어진다는 것이다.

다른 단락에서 말했지만, 그러면 이것을 범죄자로만 취급하고 실정법에 의해 처벌하고 총기 소유를 금지하면 이러한 문제가 발생하지 않을까? 아니다. 근본적인 원인을 치유하지 않으면 이런 무차별한 총격 사건은 계속하여 발생할 수 있다는 것이다. 이러한 사건이 발생하지 않도록 사회가 배려하고 이들을 가슴에 품어야 한다.

북미의 가정과 학교에서 인성 문제를 가르칠까? 필자가 다른 단락에서도 나왔지만, 북미도 가정교육을 철저히 한다고 말한 바 있다. 사회에서도 자원봉사 등을 통하여 그야말로 과정이 투명하게 배우면서, 그들은 가정이나 학교에서 어른들에 대한 예절·공경을 학문적으로 배우는 것은 아니고, 몸소 체험하면서 배운다는 것이다.

우리나라도 지금 다문화 민족이라고 외국인이 많이 들어와서 경제활동을 하고 있는 상황이다. 그런데 이런 다문화가정의 자녀들이 학교에서 '깜둥이'라고 놀림당하고 왕따 당한다고 한다. 피부의 색깔이 다르고 경제적 약소국가라고 무시하면 된다는 말인가?

필자도 미얀마에서 주재원 생활을 했다고 말한 바 있다. 그곳에서 한국인이 왕따 당하는 경우를 경험하지 못했다. 한국이 경제적으로 미얀마보다 부유해서 그랬을 것이라고 생각한다. 그러나 인간은 존엄성을 가지고 태어났는데 경제적, 군사적으로 약소국가라고 무시하고 깔보고 하는 것은 아니라는 것이다.

그러면 한국인이 미국, 캐나다에 이민 가서 생활하는 것은 어떠할까? 한국인이 이민 가서 왕따 당하고 무시당하면 이해할까? 물론, 일부 왕따

사촌이 땅을 사면 배가 아프다

문제가 발생하여 커다란 사회문제가 되는 것은 사실이다. 그러나 발생빈도가 적다는 것이고, 법적으로도 유색인종 차별금지법이 있어 법률적으로 사회적으로 보호하며 상존하고 있다. 물론, 많은 이민자를 받아들여 경제, 사회를 지탱해야 되니 오래전부터 이러한 법을 만들어 같이 공생한다는 의미일 것이다.

종교에 대한 얘기

　정치와 종교에 관한 논쟁을 하면 안 되지만 대한민국의 종교에 대해서 한번 보자. 대부분의 종교인은 다른 종교는 이단이고 자기는 정통이라고 한다. 이단을 말할 때 대부분 다수가 소수를 또는 우리가 알고 있는 사이비를 이단이라고 말한다. 그런데 전 세계적으로 가톨릭 인구가 10억 명, 개신교의 인구가 4억 명 정도이다. 그런데 소수가 내 종교가 아닌 다른 종교는 모두 이단이라고 말한다. 이것은 어불성설(語不成說)이고 비논리적(非論理的)이라고 생각한다. 남을 배려하는 마음으로 다른 종교도 인정하고 더불어 사는 사회가 되어야 한다. 서로 반목하고 시기·질투하면 안 된다는 것이다.

　이왕에 말이 나왔으니 통일교를 한번 보자. 기독교(천주교) 측에서는 통일교가 이단이고 사이비종교라고 말한다. 그러면 통일교는 기독교가 정통·종교라고 말할까? 서로 입장과 논리 그리고 교리가 다른 것이다.

　필자가 대학 시절에 영문도 모르고 좋은 교육이라고 추천받아 통일교를 접하는 기회를 가졌다. 강의실에서 강의를 듣는데 당시의 생각으로는 통일교 교리의 뿌리가 공산주의 이론인 '유물사관(唯物史觀)', '유물론(唯物論)',을 인용하여 설파하는데 기가 막히게 빠져드는 것을 느꼈다. 아직은 공산주의 사상에 대한 평가가 결론이 나지 않았을지 모르지만, 공산주의 이론이란 게 공동생산, 공동 분배하여 노동자들이 평등하게 사는 세상을

　　　　　　　　　　　사촌이 땅을 사면 배가 아프다

만드는 체제라고 하는데 이 얼마나 좋은 제도라는 말인가. 그야말로 지상 낙원인 천국에서 사는 제도라는 것이다.

강의를 듣다 보니 기독교가 예수를 신의 아들로(유대교와 이슬람교는 다르지만) 신격화하는 종교가 아닌가. 그런데 통일교는 대한민국을 신격화하는 종교라는 생각이 들었다. 거기에다 공동생산, 공동분배를 실천하는 것이 아닌가 생각하였다. 지금도 통일교 산하의 여러 개의 회사가 있지만 신도들이 어려움에 처해있을 때 도와준다는 사실이다. 남을 돕고 배려하는 사상이 들어있다는 것이다. 그러니 신도들이 좋아할 수밖에 없는 것이다. 즉, 자신의 생존 문제를 해결하여 주니 따르지 않을 수가 없는 것이다. '사촌이 땅을 사도 배가 아프지 않고' 서로 돕고 배려하는 삶을 사는데 누가 싫어하겠는가.

필자가 1990년대 말에 처음 미국에 가게 되었다. 어느 회사를 방문하였는데 책상 위에 이런 문구가 붙어있었다. '미국인은 종교의 자유를 위해 이 땅에 왔는데 우리는 무엇 때문에 이민 왔는가?' 마음속에 충격이었고 지금도 뇌리에 박혀있다.

한국인은 돈을 벌기 위해 이민을 많이 한다. 영국의 청교도들은 종교의 자유를 위해 미국으로 건너온 현재의 미국인이다. 이것은 제목과는 다른 얘기이지만 생각해볼 사항이다.

필자의 수학실력 향상

수학 공부 얘기를 해볼까. 필자의 경험을 또 얘기해 보자. 필자는 시골 깡촌에서 태어나 중학교는 그곳에서 졸업하고 고등학교를 광역시에 입학해 다녔다. 나름대로 시골에서는 공부를 잘한다고 소문이 나 있었다. 그런데 고등학교 친구들과 경쟁하는데 수학 실력이 못 따라가는 것이다. 항상 평균 60점 정도인데 이 점수로는 대학에 갈 실력이 안 되는 것이다. 공부를 잘하는 친구들은 평균 90점 이상인데 말이다. 그런데 한 친구가 나를 사설학원에 인도하여 그곳에서 수학을 공부하였다. 나름대로 방법을 연구해서 필자도 수학 실력이 어느 정도(상위권) 수준에 오르게 되어 대학에 진학하였다.

그때 느꼈던 점은 지금도 그렇지만 필자는 수학이 논리를 이해해서 풀이하는 것이라고 생각했으나 수학도 암기해야 한다는 것이다. 풀이 과정부터 답까지 그렇게 하니 수학이 쉬워지고 상위권이 가능하였다. 그래서 대학 본고사 시험에 수학 12문제 중 11문제 반을 막힘없이 풀었고 무난하게 합격하였다. 근래에 '수포자(수학 포기자)'라는 단어가 나온다. 수학 점수가 오르지 않고는 전체 평균 점수가 오를 수가 없다. 그래서 필자의 방법으로 하면 수학을 정복할 수가 있으니 절대로 포기하지 말 것을 권한다. '수학! 정복할 수 있습니다!' 그래서 지금도 필자는 그때 학원으로 인도한 친구를 매우 고맙게 생각하고 있다. 그렇지 않았다면 지금의 필자는

사촌이 땅을 사면 배가 아프다

어떤 상황에 부닥쳐있을까? '친구 따라 강남 간다.'라는 말이 있는데 그 친구는 지금 방송국의 앵커(진행자)로 성공한 삶을 살고 있어 고마운 마음뿐이다.

6장

일자리 문제

일자리 문제

정·재계에서 내놓은 광주형 일자리 사업이 얼마나 좋은가? 지역경제를 활성화하고 회사는 저임금으로 제품을 생산하는 서로 상생하는 제도인데, 누가 왜 반대하는가?

즉, 반대하는 측의 나만 잘살고 잘 먹고 하는 남을 배려하지 않는 생각 때문이다. 사촌이 땅을 사도 배가 아프지 않고 상생·공존하는 사회가 되어야 한다.

필자의 해외 생활 경험담을 얘기해 보겠다. 필자는 국내 대기업 회사의 직원으로 90년대 초(1993년~1997년) 미얀마로 주재원발령을 받아 근무한 경험이 있다.

그곳의 봉제공장 직원의 한 달 월급이 당시 미화 25달러(한화 30,000원) 정도였다. 그런데 회사 측에서 사원들의 급여를 올리겠다고 했더니(그때는 군사정부에서 투자한 합작회사였다.), 미얀마정부 측에서 사원들의 임금을 인상하는 대신 생산직 사원을 신규채용해주길 바랐다.

당시의 미얀마는 국민소득이 200달러 수준인 가난한 나라였다. 정부는 국민 모두가 잘살아야 한다는 상생(相生)의 길을 가고 있었다. 그러함에도 고위층에는 부정과 비리도 있었다. 초기 미얀마는 사회주의제도를 도입하여 지금도 같은 체제지만 모든 국민이 상생해야 한다고 생각하는 것이다.

그렇다고 사회주의 체제하에 모든 사람은 서로 상생하면서 살고 있을

사촌이 땅을 사면 배가 아프다

까? 이론적으로는 공동 생산해서 공동 분배하고 같이 협동·협력·노력한다고 하니 빈곤층 노동자 측에서는 언뜻 보기엔 좋아 보일런지 모른다. 그래서 일부 대한민국의 사회주의 신봉자 중에 북한을 찬양하고 동경하는 자들이 있다.

그러나 사회주의 체제인 북한의 내면을 보자. 과연 국민을 생각하고 있을까? 최고의 권력자나 일부 특권층이 부와 권력을 독점하고 있지 않는가? 사회주의 논리라면 그들도 똑같이 하층민들과 같이 차량도 소형을 타고 음식도 똑같은 것을 먹어야 하지 않는가 말이다.

훗날에 역사가들이 소수 권력자 및 특권층이 과연 국민을 위해 상생·공존해서 살았다고 평가해 줄까?

미얀마에서 필자의 생활은 어떠했을까? 집에서 일하는 도우미가 6명 있었다(밥하는 사람 1명, 빨래하는 사람 1명, 청소 담당 1명, 보모 1명, 경비원 1명, 운전사 1명). 물론, 열악한 환경(전기부족, 먹는 것 부족 등)에서 무슨 귀족(?) 같은 생활을 한 것 같으나 생활은 열악했다.

대한민국 사람들 같은 생각이면 나 혼자 집안일을 모두 할 테니 6명의 급여를 모두 자기에게 달라고 할 수 있었을 텐데, 그들은 그 생활을 받아들이고 사는 것이다. 이것 또한 상생의 생각이다.

외국인노동자 문제

이왕에 사회문제를 언급한 김에 외국인노동자에 관한 문제를 얘기해보자. 현재 외국인노동자들이 많이 들어와서 대한민국의 경제사회를 지탱하고 있다. 그런데 그들은 대한민국 노동자와 똑같은 급여 혜택을 누리고 있다. 이들은 다른 장에서 언급했지만 대한민국 사회에 무임승차한 것이다.

필자가 로스앤젤레스(LA)에 봉제공장이 돌아가는 것을 보았다. 현재도 그렇다. 봉제산업(縫製産業)은 노동집약적 산업으로 낮은 급여로 일하는 산업이다.

그러면 어떻게 미국과 같은 나라가 아마 시간당 임금이 법적으로는 12,000원(미화 10달러) 정도인데 가능할 수 있을까? 이들은 불법체류자(不法滯留者)들로 시간당 미화 5달러를 감내하고서라도 일을 하기 때문이다.

대한민국의 산업도 봉제산업 같은 경우 임금이 상승해 모두 해외로 이전해서 지금은 거의 없다.

그렇다면 우리도 불법체류자를 인정해야 한다는 말인가? 그것은 아니다. 대한민국에서 일하는 외국인노동자의 임금을 차등화해서 기업과 산업의 임금 부담을 줄여야 한다. 왜 그렇지 못할까? 그것은 현재 노동자들의 생각이다. 만약 해외노동자들의 급여가 낮으면 본인들 급여가 올라가지 못하기 때문에 법을 만들어 이것을 지키고 있는 것이다.

필자가 몇 년 전에 홍콩 여행을 하였다. 가이드가 홍콩의 거의 모든 가

사촌이 땅을 사면 배가 아프다

정에 필리핀 이주 가정부가 일한다고 얘기했다. 그래서 필자가 궁금하여 그들의 월급이 얼마냐고 물었는데 한화로 약 7~80만 원 정도라고 했다. 즉, 자국민과 외국인노동자의 급여를 차등화한다는 것이다.

기회의 균등, 모든 인간은 평등하다는 차원에서는 국내의 근로자나 외국인도 똑같이 임금이 동일해야 한다는 생각을 가질 수 있겠으나 이것은 아니다. 외국인들은 그야말로 대한민국 사회에 무임승차한 것이다. 이들은 다른 장에서 언급한 같은 뿌리의 민족인 고려인이나 조선족과는 다른 것이다.

필자가 미얀마에 주재원으로 근무한 적이 있다고 했는데 이 나라는 공정환율과 시장환율(암시장 환율)이 동시에 거래되고 있었다. 공정환율은 정부에서 지정한 환율로 당시 미화 1불에 현지화(現地貨)로 6자트(kyat)이고, 시장환율은 미화 1불에 현지화 120자트 정도의 체제로 유지되고 있었다. 그런데 외국인들은 공공요금 등을 공정환율 기준으로 부과되므로 실제로는 미얀마인보다 20배 높은 가격을 지불해야 하는 것이다.

정부에 이것을 따져 물었더니 외국인들은 미얀마에 무임승차한 것이니 공정환율로 부담해야 한다는 것이었다. 결국, 외국인과 자국민을 차등화한다는 것이다.

모든 경제 논리가 수요공급의 원칙에 따라 움직이는데 노동력 또한 마찬가지다. 외국인 노동자의 임금을 한국인 노동자의 수준으로 고정해놓고, 한국의 사업자는 기울어진 운동장에서 사업을 하라는 말과 같은 것이다. 국내 노동자들은 내 봉급만 지키고 나만 만족하면 된다는 식의 사고를 버리고, 경제와 사회가 상생·공존하며 남을 배려하는 사고를 가져야 한다.

필자가 몇 년 전 TV 방송에서 동남아 노동자들을 인터뷰하는 것을 보았다. 그들은 대한민국을 '봉'으로 인식하고 있었다. 본인들의 나라에서 받은 임금보다 대한민국에서 일하면 몇 배의 월급을 받으니 그렇게 생각될 수밖에 없을 것이다.

외국인노동자에 대한 급여 차등화가 이들을 차별하자는 말이 아니다. 그들은 대한민국 사회에 무임승차했고, 대한민국 노동자들은 국내 경제와 사회에 미치는 임금 영향을 고려해서 상생할 수 있도록 해야 한다. 그래야 대한민국도 봉제 회사와 같은 산업이 지속될 수 있고 육아와 출산 문제가 해결될 수가 있다는 것이다.

필자가 글을 쓰고 있는 시점에 코로나가 안정적으로 관리되어 야외에서 마스크를 벗는 상황이고, 이러다 보니 늦은 저녁 시간은 '택시 대란'이라고 한다. 코로나19의 장기화로 손님이 없어서 택시기사들이 이직하여 택시를 운영할 수 있는 인력이 없어서 그러겠다고 생각한다. 한때는 좋은 직업이었다. 필자의 고모부도 초등학교 교사였는데 택시가 돈을 잘 벌 수 있다고 생각해서 교직 생활을 던지고 택시기사를 하다가 교통사고로 돌아가신 아픈 추억이 있다.

귀국 후 필자의 지인이 택시회사를 운영하는데 차고지를 보면 노는 택시가 항상 20여 대가 있었다. 그래서 택시 기사가 부족하니 외국인을 채용하면 되지 않느냐고 물었다. 외국인 채용 건을 정부에 건의해보곤 했는데 이런저런 이유로 어렵다고 한다.

그렇다면 외국인 중에서도 중국과 러시아에서 거주하고 있는 조선족이나 고려인을 채용하면 되지 않을까? 그분들은 같은 언어도 사용하고 빨리 대한민국 사회에도 적응되고, 요즘에는 내비게이션(navigation)이 발달되어 지리를 몰라도 가능할 것 같은데 왜 안 된다는 것인지.

캐나다의 경우 택시 기사 중 자국민이나 서양인은 하나도 없다. 모두 외국 출신의 기사가 택시를 운행하고 있다. 일부 특정 장소를 제외하고는 모두 '콜택시' 제도다. 영어를 할 수 있으면 되는 것이다.

우리는 왜 안 된다고 하는지. 외국인도 아닌 해외에 거주하고 있는 우리 동포를 채용하면 안 되는지 필자가 다른 장에서 말했지만, 앞으로 대한민국 사회는 출산율도 떨어지고 인구절벽으로 감소하고 있는데 전향적으로 한번 생각해 볼 문제다.

한국도 현재와 향후 노동인구의 감소 및 출생률 저하로 고민하고 있는데, 그렇다면 우리도 다른 장에서도 언급했지만, 이민정책을 적극 재검토해야 할 것이다. 지금도 그렇지만 과연 한국 젊은이들이 우리가 말하는 3D 업종에서 일하고 만족할까? 북미도 그렇지만 외국인노동자들을 받아들이지 않고는 향후 국가가 지탱할 수 없는 상황으로 내몰릴 것이라는 생각이다.

한번 이직한 기사들이 택시 회사로 되돌아오기는 쉽지 않다. 이전에도 기사를 구하기가 어려웠는데 코로나가 완전히 소멸한 상황도 아니니 수급 문제는 어려울 것이다.

한국과 북미의 공채 비교

여기에서 대한민국의 회사 채용상황을 들여다보자. 북미의 사회는 공채라는 제도가 없다. 일률적으로 몇천, 몇만 명씩 모아 시험을 치르고 하는 것을 보지 못했다. 한국은 기회의 균등이라는 측면에서 공채를 진행하고 부정채용을 하면 법적 처벌까지 하고 있는 반면에 거의 모든 채용이 추천제도다. 어떻게 보면 과거 음서제도라고 볼 수 있으나, 이들은 과정이 투명하다. 그러니 결과도 공정할 수밖에 없다. 입사지원서나 대학 입학 조건 중에 항상 자원봉사활동이 첨부되어 심사한다.

귀국해서 보니 대한민국도 자원봉사나 생활기록부 등이 대학 입학할 때에 반영된다고 한다. 그런데 과연 과정이 투명한가? 생활기록부나 자원봉사활동 등을 위조해 반영하고 그러니 과정이 투명할 수가 없다.

현재도 '부모찬스' 때문에 사회가 아주 시끄럽다. 과거도 아닌 바로 1년 전의 상황을 볼까? 대학교수 출신으로 장관을 역임하고 두 부부가 모두 자녀의 부정입학 즉, 과정의 불투명으로 논란이 끊이지 않고 있다. 추천장 문제와 논문 문제의 공정과 진실에 대한 공방 중이다. 그래서 급기야 자녀의 전문직도 취소시키고, 대학 입학도 취소할 것이라고 한다. 머리가 아플 지경이다. 왜 사회가 이렇게 돌아갈까?

다른 장에서도 설명하고 있지만 외국 같이 학교에서 사회는 불공평하다고 배운 사람들한테는 이해가 될지 모른다. 그런데 대한민국의 교육과정

사촌이 땅을 사면 배가 아프다

에서 사회는 공정하다고 배운 젊은 세대들이 그것을 받아들일까? 아니 전 국민이 이해할 수 있느냐는 말이다. 인식이 바뀌어야 될 일이고 한국의 제도가 그렇기 때문에 되지 않아야 하는 상황이다.

재판 과정이 뉴스에 보도되고 있는데 재판부가 증거채택으로 압수한 컴퓨터나 휴대폰 중 하나는 증거 채택이 되지 않는다고 한다. 그러한 압수 물품이 증거가 아니면 무엇이 증거라는 말인가? 피의자가 직접 말로 실토해야만 증거라는 것인가.

이러한 현대판 음서제도는 외국의 제도가 아무리 좋다고 하더라도 일부 사람들의 의식이 바뀌지 않는 한 부정과 비리 그리고 부패는 계속 발생할 것이라고 필자는 단언할 수 있다.

북미는 구멍가게(개인사업자)에 입사하더라도 모두 2인 이상의 추천인을 기재하게 되어있다. 그리고 고용주는 반드시 전에 일했던 곳(회사)에 전화하여 지원자의 근무태도 등 모든 것을 질문, 확인한다. 자원봉사도 거짓 없이 활용하고 반영된다. 이 점이 다른 것이다.

한번은 거래처 회사에 방문하였는데 그곳에서 3대(할머니, 딸, 손자)가 같이 일하는 것을 보았다. 대한민국 사회에 비추어보면 말이 안 되는 것 같았다. 반면에 뒤돌아보면 이런 조직이 결속이 더 잘되고 불평불만이 더 적으리라 생각했다.

캐나다는 알바 직원들이 거의 모든 곳에서 일하고 있는데 한 곳에서 8시간만큼 할 수 있는 데도 고용주들은 그만큼 시간을 주지 않는다. 이것은 4대 보험에 대한 회사 비용이 증가하여 그런 것 같다. 그래서 8시간 일할 수 있는 사람도 오전, 오후(오전에는 이 가게, 오후에는 똑같은 업종의 다른 가게)로 나눠서 알바부터 시작한다.

물론, 좋은 대학을 나와서 일류기업에 입사하여 고액의 연봉을 처음부터 받고 일하는 경우도 있다. 그런데 대부분의 노동자는 알바부터 시작해서 그곳에서 인정을 받으면 정규직원으로 승진하여 발전하는 것이다.

알바 직원이 아닌 북미의 대기업들의 정규직 채용을 보면 대학 졸업자라고 하여 무조건 채용하지 않는다. 경력직과는 다르지만 북미의 큰 회사들은 예외 없이 인턴제도를 활용한다는 것이다.

그래서 학생들은 대학 4학년 차에 거의 모두 인턴사원으로 취직하고 회사는 학생들의 능력과 태도 등을 평가하고 자료를 보관하고 있다가 대학 졸업 후에 학생들은 인턴사원으로 근무하였던 회사에 응시하여 정식직원으로 채용된다.

서양 사회가 합리적이고 실용적이라고 우리가 알고 있듯이 한국의 인턴제도와는 채용이나 운영방식이 사뭇 다르다.

직원 채용이 공채가 아닌 추천제도로 이루어지고 있지만, 한국인의 생각으로는 이러면 부정·비리가 있는 게 아닌가 하는 생각이 들 수 있으나, 학교에서부터 사회는 불공평하다고 교육받았고 과정이 투명하니 받아들이는 것 같다. 다른 장에서도 언급하였지만 '억울하면 당신도 열심히 노력해서 그 위치에 가 있어라.'라거나 '억울하면 출세하라.'라는 한국 속담과 같은 메시지인 것이다.

사촌이 땅을 사면 배가 아프다

구직에 관한 청년 인식

그러면 여기서 청년실업과 고용 문제를 한번 볼까? 필자는 귀국 후 호텔(모텔급)을 운영하면서 직원을 채용하였다. 구직광고를 내면 청년들은 응시하고 전화로 면접 시간과 날짜를 정한다. 그런데 기다리면 나타나지 않는다. 전화라도 해 주면 시간을 버리지 않았을 것이고, 채용해서 며칠(일주일 정도) 일하고 갑자기 출근하지 않는다. 당황해서 전화하면 전화를 받지도 않고 연락두절이다. 고용주 입장에서 어떻게 하라는 말인가? 새로운 사람을 구할 때까지 인수인계를 해줘야 하지 않는가? 그 후부터는 절대로 청년들을 뽑지 않는다.

당시 노동부에서 관리·감독하러 들른 적이 있다. 그래서 노동부 직원에게 하소연하며 푸념하였더니 노동부 직원 얘기는 어차피 그만둘 것인데 이해하라고 하였다. 그런데 도무지 이해되지를 않는다. 대한민국의 노동법이 아무리 노동자의 편에 있다고 하나 캐나다는 제도나 현실이 잘 돌아가고 있다고 앞에서 언급하였지만 이런 경우 쌍방과실을 먹는다.

캐나다의 노동법으로 직원이 회사를 그만둘 때는 쌍방이 2주 전에 통보하도록 규정하고 있다. 대한민국은 쌍방 간에 한 달 전에 통보해야 하는 것으로 알고 있다. 그런데 캐나다는 이것을 철저히 지키고 예고 없이 사직할 경우에는 급여를 지급하지 않아도 된다. 그러나 대한민국은 예고 없이 갑자기 그만두더라도 회사 측은 임금을 모두 지급해야 한다고 한다.

이 무슨 불공평인가? 공정하고 정의로운 사회인가?

　노동부 얘기는 어차피 그만둘 사람인데 좋은 게 좋은 거라고 회사 측이 이해하라는 답변이다. 물론, 좋은 직장은 아니라고 젊은 사람들은 생각할지 모른다. 그래도 예의나 상식 그리고 상도가 있질 않은가. 젊은 청년을 양육하는 부모들도 같은 생각이다. 내 자식을 어떻게 교육해 대학을 졸업시켰는데 모텔에 가서 일하느냐는 생각이다. 그러니 외국인노동자를 고용할 수밖에 없고 청년실업은 더욱더 악화하는 것이다.

　　　　　　　　　　　　　　사촌이 땅을 사면 배가 아프다

한국과 캐나다의 아르바이트 비교

아르바이트(일명 알바) 얘기가 나왔으니 캐나다와 한번 비교해 보자. 캐나다는 처음에 일자리를 잡을 때 특별한 경우를 제외하고 모두 알바부터 시작한다. 알바라고 해서 자신이 그 회사의 직원이 아니고 속된 말로 소모품이라고 생각하지 않는다. 월급직원이나 시간급 직원은 모두 노동법의 혜택을 받고 일한다. 대한민국은 알바라도 퇴직금을 받지만, 북미는 퇴직금제도가 없다. 그런 면에서 대한민국은 얼마나 노동자를 대우해주는가?

그런데 필자가 경영하는 회사도 알바직원이 대부분이다. 물론, 캐나다에서의 경험으로 알바도 같은 직원이라고 생각하지만, 월급직원이나 알바직원들이 일하는 것에도 차이가 없고 단지 급여를 시간으로 계산하여 받는다는 것뿐인데, 받아들이는 직원의 의식이 다른 것이다.

필자의 캐나다 이민에서 겪은 한 가지 경험담을 얘기해 보자. 처음 우체국을 경영하고 있을 때다. 그 나라는 우리나라의 우체국에서 금융 업무를 뺀 순수한 우편 업무만을 대리점(딜러) 제도를 통하여 민간인이 운영할 수 있도록 하고 있다.

크리스마스 때에는 우편 업무가 너무 많다. 그래서 접수대 앞에서 출입문까지 줄을 길게 늘어서서 기다린다. 그런데, 알바직원은 기다리고 있는 손님 앞에서 컴퓨터로 우편 업무에만 집중하고 있다. 그러나 필자는 우편 업무, 팩스 보내기, 문구 판매, 귀밑에 전화 수화기를 대고서 4가지의 업무를 마치도록 처리하였다.

알바직원이 카운터에서 업무 중일 때 손님들도 불평불만을 표하지 않고 직원도 서두르지 않고 한 가지 일을 끝내고 차분하게 다음 일을 시작한다. '빨리빨리'에 익숙한 한국식 사고방식으로는 도저히 이해가 가질 않는다. 넘치는 타인에 대한 배려심일까? 그래서 한국인들은 이러한 필자와 같은 열정으로 짧은 시간 내에 경제발전을 이루었을까? 뒤돌아보게 되었다.

한국인들은 해외여행이나 외국 생활을 하더라도 모든 일에 '빨리빨리'를 외친다. 언어도 그 국가에서 '빨리빨리'란 단어를 맨 먼저 배운다. 장단점이 있는 것은 사실이다.

우체국 얘기가 나왔으니 한국의 경우와 비교해 볼까? 필자는 2003년에 이민가서 가게를 운영한 것이 그해 말 체신부에서 운영하는 우체국 딜러를 하게 되었다고 했다. 우리의 우체국과는 달리 금융 업무를 제외한 순수 우편 업무만을 취급하는 것이다. 처음 접하게 되었을 때부터 'change of address'라는 서비스 업무가 있었다. 이것은 거주자가 이사를 할 때 모든 우편물을 이사한 집으로 배달해 달라는 것이다. 물론 기간에 따라(6개월~2년) 수수료를 받고 처리해 주는 것이다. 국내에서 이사를 하게 되면 이사온 사람에게 우편물을 대신 받아달라고 부탁해야 되고 등기 같은 중요한 우편물은 수신자가 부재중이면 우체국에 잠시 보관하지만 기간이 지나면 발송처에 다시 반송되어 그때마다 관계 기관에 전화해서 이사한 주소를 알려주고 재발송해 달라고 요청한다.

캐나다는 이 제도를 이용해서 주소이전 서비스를 처리해주는 동안 소비자는 관련된 곳에 이사한 주소를 알려서 정리하고 안전하게 우편물을 수령하는 것이다. 다른 장에서 몇 번을 언급하였지만 외국의 제도는 많이 받아들여 사용하나 국회의원이나 공무원들이 해외연수를 많이 가면서 왜 이러한 좋은 것을 받아들이지 않고 있는지 모르겠다.

알바에 대한 얘기가 나왔으니 한국의 상황을 한번 살펴볼까? 필자도 사업장을 운영하고 있는데 모든 직원이 알바 직원이다. 그런데 직원을 신규 채용하려고 구인광고를 냈는데 몇 개월째 전화 문의도 없다. 지금 코로나 19 상황에서 실업자도 많이 늘어난 실정인데 왜 이러한 현상이 일어날까? 외국인을 고용하고 싶어도 구하기가 어렵다.

한국의 노동법을 보니 주 40시간 이상의 일을 하면 50%의 추가 수당을 지급하도록 하고 있다. 그러면 사업자의 입장에서 비용이 많이 들어가니 주 5일간 일하는 사람을 구해야 하고 나머지 2일간 일하는 사람을 채용해야 하는데, 누가 주 2일만 일하려고 하겠는가? 그래서 할 수 없이 일주일을 3, 4일 쪼개어서 알바로 같이 일하자는 의도에서 면접 시 설득하여 채용하고 있다. 그런데 이것도 또한 쉽지 않은 게 현실이다.

외국인 노동자들은 노동시간을 최대로 해서 많은 돈을 벌려고 하기 때문에 국내의 노동자와 똑같이 급여를 받는 현실에서 알바 직업에 오지 않으며, 그러면 국내의 젊은 층은 마찬가지로 월급직원을 생각하기 때문에 오지를 않는 상황인 것이다. 그래서 필자의 사업장도 여자직원의 평균 연령이 50대고 남자직원은 60대이다. 노동인구가 왜곡되어 가고 있는 것이다.

대기업은 돈도 많이 벌고 경쟁력도 있으니 월급노동자를 고용해서라도 견딜 수가 있지만 중소기업이나 자영업자들은 노동인구가 넘쳐도 구인난에 처할 수밖에 없는 것이다.

그러면 캐나다의 경우를 볼까? 필자도 알바 직원을 고용하여 가게를 운영하였지만 처음 일하는 직원은 모두 알바부터 시작(대기업은 예외)한다는 것이다. 이곳은 공채제도가 거의 없고 다른 장에서도 언급하였지만, 필자가 운영하는 가게의 알바직원도 오전에는 가게에서 오후에는 한국의 체신부 같은 직원으로 일하였다. 거기에서 잘하면 나중에 정식직원(월급직원)

으로 승진한다는 것이다. 국내의 노동인구와 생각의 차이가 있는 것이 현실이다. 그래서 외국인 노동력의 급여 차등화를 하지 않으면 이러한 노동력 문제가 쉽게 해결될 수 없다는 생각이다.

사촌이 땅을 사면 배가 아프다

노동법과 안전

노동에 관한 얘기가 나왔으니 대한민국의 현실을 한번 되돌아보자. 4대 보험을 김대중 전 대통령 시절에 서양에서 도입해왔다. 대한민국은 제도는 잘 받아들인다. 그런데 정작 그 제도를 잘 사용하고 있는가 하는 문제이다. 물론, 회사나 노동자 모두 잘되고 잘하자는 취지인 것은 맞다.

북미 사회는 회사가 어려울 때는 노동자를 집단해고(集團解雇)를 하고 나중에 회복되었을 때 다시 집단 고용을 하여 법의 취지대로 잘 운용·상생하고 있다.

그런데 우리의 현실은 어떠한가? 만약 회사가 어려워 노동자들을 집단해고한다면 이것을 받아들이고 인정하고 있는가? 생존권의 문제라고 시위하고 농성하며 법을 지키지 않는다. 왜 노동자들의 생존권만 주장하고 회사의 생존 문제는 안중에도 없는가.

글을 쓰는 도중에 TV 자막에서 S기업이 미국 텍사스에 250조를 투자하여 반도체 공장을 설립하려고 한다. 말이 250조이지 어마어마한 금액(대한민국 1년 예산과 굳이 비교할 필요는 없지만)이다. 그러면 S기업이 한국이 아닌 미국에 왜 그렇게 많은 자금을 투자할까? 미국이 좋아서? 미국 대통령이 좋아서? 미국의 땅값이 저렴하여? 한국의 정치행태가 싫어서? 아니면 한국 사회가 시끄러워서? 이유는 많겠지만 한번 생각해 보시기 바란다.

이러한 큰돈을 한국에 투자하면 경제나 노동인구의 증가 등 여러 가지의 혜택이 발생할 것인데 왜 그럴까? 기업은 이윤을 창출하기 위해서 자금을 투자하고 경영하는 것은 누구나 다 알 수 있는 상황이다. 한국의 노동환경에서는 회사의 경영이 어렵고 심하면 생존마저도 위태로울 수 있다고 생각하기 때문이다.

다른 장에서도 언급하였지만, 미국의 노동법을 한국이 모방·적용하여 지금까지 이르렀지만, 한국은 법대로 지켜지지 않는 것이 많다는 것이다. 미국의 GM(자동차 제조회사)과 같은 회사도 어려움에 부닥치면 노동자들을 일괄적으로 해고하고, 회사가 회생하게 되면 전부 다시 채용하는 등 상생의 원리를 찾고 있다. 어떤 이유일지는 모르지만 한국의 회사에서 노동자를 집단해고하면 무슨 일이 벌어질까? 노사 간의 심한 갈등으로 어려운 상황이 되지 않았던가?

법이라는 것이 어느 한쪽의 편만 유리하게 적용되지는 않는다. 상생하고 협력할 수 있도록 상식적인 면에서 노동법도 만들어졌다.

반면에 노동자를 위해 중대 산업재해보상보호법이라는 것을 법제화하였다. 뉴스에서 산업재해라는 것이 많이 나온다. 노동자가 신체를 크게 다쳤을 뿐만 아니라, 북미 사회에서는 먹는 음식에서 이물질이 나와도 항의하면 보상금이 우리가 생각하는 것보다 금액이 훨씬 높다. 대한민국은 머리카락이나 이물질이 나와도 좋은 게 좋다는 식으로 유야무야(有耶無耶)되지만, 보상이라고 해도 기껏해야 몇백, 몇천만이면 해결된다.

예를 들면 햄버거에서 손가락이 나온 경우가 있었는데 보상금이 몇백억이었다. 대한민국은 산업현장에서 사망사고가 발생하여도 많지 않은 금액으로 합의하고 보상된다. 그런데 북미 사회에서는 보상금 단위가 억(?) 소리 나게 크기 때문에 회사가 노동자의 안전을 무시할 수도 없고 안전불감증이란 말이 나오지 않는다. 회사가 존속하지 못할 정도의 큰 금액을 보상해줘야 하니 노동자의 안전에 신경을 쓸 수밖에 없다.

일전에 필자가 귀국하여 자유로(自由路)를 운행하고 있는데 큰 트레일러의 갑판(deck) 위에 굴삭기 종류의 큰 중장비를 싣고 가는 것을 보았다. 그런데 주위에 아무런 보호 장치도 없었다. 북미 사회에서는 있을 수도 없는 일이다. 그러다 사고라도 나면 회사가 존속할 수 없을 정도의 큰 금액을 지불해야 하기 때문이다. 북미에서 이런 트레일러가 주행하면 항상 앞뒤로 인도하는 차량이 따라붙고 반드시 오버사이즈라는 현수막을 걸고 운행한다. 이렇게 안전을 최우선으로 생각한다는 말이다.

7장

젠더 문제

일본과 유럽의 여자관

우리가 학교에서 대한민국은 동방예의지국이고 사계절이 뚜렷하고 금수강산이라고 배웠다. 인간은 교육이나 역사가 모두 배운 대로 생각하고 편향될 수밖에 없다. 동방예의지국이라는 표현에 필자도 다음의 예에서 볼 때 자부심을 느끼고 자랑스러운 것은 사실이다. 일본소설과 서구소설을 읽은 적이 있다. 거기에서 확연히 구분·구별이 될 수 있는 부분을 알아차리게 되었다.

일본 막부시대에 아들이 아버지의 정권을 강제로 빼앗은 후 아버지의 첩(계모)을 아들이 취하게 되는 경우가 비일비재(非一非再)했다는 것이다. 아무리 여자를 좋아한다고 하더라도 어머니뻘의 여자를 자기 첩으로 취할 수가 있느냐는 것이다. 서양의 경우에도 고대신화에서 일부 나오지만 대부분 그렇지가 않다. 대신에 형제간의 여자나 아버지의 딸뻘인 여자는 자기 첩으로 취한다.

일본의 역사와 의식이 이러한데 현대는 어떨까? 아시다시피 일본의 유흥문화는 우리보다 앞서있지만, 우리도 많이 따라가고 있다.

필자가 캐나다에 거주할 때 미국에서 가게를 운영하려고 방문한 적이 있다. 거기에서 장사가 잘되는 '초밥집(한국의 일식집과는 다른)'을 인수하려고 하였는데 가게를 소개해 주는 부동산업자(북미에서는 통상 '리얼터'라고 칭한다)가 귀띔을 해주었다. 일본인이 운영하는 초밥집에서 전라(全裸)인

여성의 몸 위에 초밥을 올려놓고 손님이 집어 먹는다는 것이다. 상상을 초월한 발상이다. 여성 독자들에게는 미안하지만, 현실은 현실이니까 말하는 것이다.

대한민국도 노래방(가라오케) 등의 문화가 일본을 통해 유입되었지만, 필자가 젊은 시절 입사 초기에 부서의 동료가 일본을 방문한 적이 있었다. 다녀와서 어느 술집의 무대에서 무희(춤추는 사람)들이 있었는데 손님들이 서로 '가위바위보'를 하여 이긴 사람이 여자를 취한다는 것이다. 심지어 그곳에 온 일본인 부자(父子)가 무희를 서로 취하기 위해서 승부를 양보하지 않고 가위바위보하고 있었다는 것이다. 지금으로부터 40여 년 전의 이야기이지만 정말로 놀라울 뿐이었다. 이러한 일본인들의 발상이라면 나중에 혹시 자판기라도 등장하게 될까 두렵다.

물론, 일본이 경제대국이기는 하나 대한민국 사회가 물들지 않을까 걱정이 된다. 도미노 이론이 경제학 이론이지만 문화 의식도 인접국으로부터 흘러들어 온다고 볼 수 있다. 대한민국은 동방예의지국이니 그렇게까지는 되지 않기를 기대해 본다. 이런 측면에서 대한민국은 동방예의지국이 맞는 것이다.

젠더 갈등

　여자 문제를 얘기하면 근래에 젠더 갈등이 시끄럽다. 왜 우리 사회가 이러한 젠더 갈등의 소용돌이 속에 있는가? 예전의 사고는 모름지기 여자는 가정(가사)에 충실하고 육아를 잘하고 여자다우면 되는 것이었다. 지금은 남자들도 육아하고 살림살이도 하지만 예전에는 여자들의 일이었다. 현대 사회는 여자도 사회활동을 하고 부부가 경제적으로 어려움이 있어 가사와 가정경제를 모두 같이 하는 실정이다. 그런데 왜 젠더 갈등이 생기는가? 한쪽은 여성가족부를 폐지한다고 하고 다른 쪽은 유지하자고 하는 등 소모성 논쟁이 끊이지 않고 있다.

　필자는 젊은 시절에 시내에 나가 여자를 헌팅(hunting)하고 연애를 시도해 본 경험이 있다. 지금은 성폭력에 관한 법률이 강화되어 언감생심(焉敢生心) 생각도 못 하는 것이다. 옛말에 '열 번 찍어서 안 넘어간 나무 없다.'라는 말에 빗대어 남자가 마음에 드는 여자를 구애하여 연애가 성공될 수 있다는 말이다. 지금은 '열 번 찍어'가 아니고 한두 번 찍으면 성폭력으로 구속될 수 있으니 어찌하여 우리 사회가 이렇게 되었나 생각한다. 여자와 편하게 농담도 못 하고 연애도 못 할 지경이다. 하물며 결혼도 늦어지고 미혼도 늘어나는 지경에 어떻게 출산을 높이겠는가?

　통계적으로 여름철은 다른 계절에 비해 성범죄가 늘어날 확률이 높다고 한다. 왜 그럴까? 여성분들은 이해하고 이유를 알고 있는지 궁금할 뿐이다. 어느 신문 사설에서 보았는데 본능적으로 남자는 시선으로 우선 이성에 끌리고 여자는 마음과 감성으로 남자에게 끌린다고 한다.

그러면 여름철에 여자들의 옷차림에 대해 생각해 봅시다. 다른 계절에 비해 신체 노출이 심한 것은 사실이다. 여성들은 이것이 자신의 표현이고 자유로운 착의라고 말할지도 모른다. 그렇지만 남자들은 여자와는 달리 시선으로 먼저 흥분(?)한다는 얘기이다. 그러니 노출이 심한 여성들을 보면 '끼'가 발동하는 것이다. 여성들은 자신의 표현과 자유로움만 생각하지 말고 남성들의 본능도 생각해 봐야 한다는 것이다.

여성들의 옷차림새에서 레깅스를 한 번 볼까? 캐나다에 거주 시 많은 여성이 레깅스를 착용하는 것을 보았다. 그곳에서도 쳐다보기가 민망하였지만, 이 옷은 팬티스타킹보다 조금 두꺼운 재질이라고 생각하면 된다.

다시 한번 여성들에게는 미안하지만, 과연 남성들의 시선이 여성의 몸매가 거의 드러나는 레깅스를 입었다고 하면, 시각에 반응하므로 본능적으로 눈이 돌아간다는 얘기다. 그래서 필자가 "향후에 여성을 쳐다만 봐도 성추행으로 처벌할 것인가." 하고 말했던 것이다.

여성들이 성폭력방지법으로 자신들을 보호하니(성범죄로부터 당연히 여자를 보호해야 하나) 남자들이 끼이들 어지가 없는 것이다. 그래서 갈등도 생기는 것이고 심지어 남자들은 여자도 똑같이 군에 입대해야 한다고 일부의 사람들은 주장하는 것이다. 모병제하에서 자진하여 여성이 군입대하는 것은 다르지만 아직은 연약한(?) 여자가 군에 입대한다는 것은 조금 너무 나간 부분이 있는 것이다.

소제목과는 다른 말이지만 동성연애를 한번 볼까? 사람이 사람을 좋아하는 감정은 이성 간이나 동성 간에 발생할 수 있는 것이다. 필자는 특별한 신앙이 있는 것은 아니지만 신이 인간을 창조하고 남녀를 만들었다고 할 때 남녀의 본성에 따라서 서로 좋아하고 자식을 낳아 종족을 보존하게 하여 인류가 지속된다고 할 수 있을 것인데, 동성 간에는 연애는 할 수가 있으나 결혼은 인간이 신의 영역을 거부한 것이라 볼 수 있는 것이다.

북미는 동성 간의 결혼을 합법화했으나 살펴보면 이것 또한 정치적인 논리가 가미되어 있는 것이다. 즉, 선거에서 한 표라도 더 얻기 위해서 동성 간의 결혼을 합법화한 것이다. 한국도 언젠가는 합법화 얘기가 나올 것이라고 생각한다. 그러나 아무리 정치적인 목적이 있다고 하더라도 동방예의지국인 한국에서 신의 영역을 거부하면서까지 이것을 합법화해서는 안 된다는 것이다.

신이 의도(?)한 대로 인간이 살아가야 하는데 동성 간의 연애는 그렇지 않지만 성행위는 비정상적인 삶이라고 볼 수 있다. 그래서 이전에 불치병이라고 칭했던 '에이즈'가 발생되고 최근에는 '원숭이 두창'이 발병되는데, 이러한 질병이 정복되더라도 동성 간의 성행위가 계속된다면 향후 또 다른 질병이 생길지 모르는 일이다.

젠더 갈등에 대한 말이 나왔으니 꼭 젠더 갈등이라고 할 수는 없지만 지금 연예계에서 세계적으로 유명해진 방탄소년단의 군 면제에 대해 말해볼까?

대한민국과 같은 징병제도가 있는 나라에서 올림픽에서나 국제스포츠대회에서 메달을 따서 국위선양을 하면 군 면제의 혜택이 주어진다. 글로벌 시대에 한류열풍을 몰고 오고 대한민국을 알리고 세계의 젊은이들이 방탄소년단으로 인하여 대한민국에 많은 관심이 있는데 이것은 국위선양이 아니란 말인가? 정치 사회적인 관심사이다. 현상을 살펴보면 체육인들보다 방탄소년단과 같은 유명연예인들이 대한민국을 더 많이 알리고 국위선양을 하고 있다고 생각한다. 무엇 때문에 눈치를 보며 갑론을박(甲論乙駁)하는가? 같은 논리로 대우해 주면 되지 않겠는가?

최근 미국의 LA에 오징어 게임 거리가 생긴다고 한다. 그만큼 연예계에

　　　　　　　사촌이 땅을 사면 배가 아프다

서 한류의 영향력이 커졌다고 할 수 있다. 예전에 국가가 영토를 넓힐 때 다른 나라를 침공하여 취하였다. 근대국가사회에서 이제는 예전과 같이 전쟁 등을 통하여 남의 나라를 침략하고 민족을 예속시키는 시대는 지났다고 본다. 우리 같은 영토가 작은 국가는 거대 국가를 힘으로 빼앗을 수도 없고 경제력 또한 한계가 있다. 그런데도 불구하고 예술계의 한류 열풍은 이전의 영토 확장에 대한 개념을 뛰어넘을 수 있다는 것이다.

최근 외국인의 한글 수강생이 이전보다 세 배 정도가 늘었다고 한다. 한류열풍이 이제는 한글 열풍으로 바뀐다고 한다. 외국인들이 한글을 배우는 이유가 한국정치나 경제 때문일까? 아니다. 이러한 예술인들 덕분에 전 세계에 대한민국이 알려지고 있다.

필자가 캐나다에서 현지인에게 삼성전자의 휴대폰과 현대자동차의 소나타에 관한 얘기를 하였더니 이들은 이 회사가 일본의 회사인 줄로 알고 있었다.

한 가지 더 필자가 우체국을 운영하던 시절에 캐나다의 중년 여자가 알바로 일한 적이 있다. 물건 구매를 위해 차를 같이 타고 가자고 하였는데 그녀는 무슨 차냐고 물었다. 한국에서도 H사의 차가 많이 팔리고 해서 소나타라고 답했더니 제조사가 어디냐고 물었다. 자신 있게 한국의 H사라고 하였더니 그녀는 어떻게 안전을 믿고 동승하느냐고 하였다. 기분이 나빴지만 한국에 대한 외국인의 인식이 이렇다는 것이다.

이런 사실에 비하면 유명 가수들이 얼마나 많은 국위선양을 하고 있는가 말이다. 이들 회사의 제품들이 유럽 및 미국에서 아무리 많이 팔려도 대한민국 제품이라고 인식하지 않는다.

그럼 대한민국의 성 문제와 문화를 한번 살펴볼까? 성은 인간의 본성이라고 볼 수 있다. 인간의 본성을 법이라는 잣대로 다룰 수는 없다는 말이다. 먹고 마시고 숨 쉬는 것을 법으로 다룰 수 있나?

수년 전에 어느 여자 경찰서장이 문제 제기와 성매매에 대한 문제를 해결하기 위해 우리가 알고 있는 성매매 장소의 단속을 하였다. 미안한 얘기지만 이 문제가 잘 해결이 되었을까? 감히 '풍선효과'라고 말할 수 있는 것이다. 그런 장소를 단속하여 없애고 하니 그곳에 종사하는 사람들은 해외에 나가거나 우리가 거주하고 있는 상가나 오피스텔 등으로 그 여파가 나타나고 있는 것이다. 우리 주변의 아파트로 번질 수가 있다는 것이다. 실로 풍선효과가 발생할 수 있을 것이기 때문에 생각하기도 싫다.

최근 고위직에 있는 사람들이 성추행과 성범죄(강간, 스토킹)에 관한 문제로 그 직을 내려놓고 심지어는 세상을 하직하고 있는 문제가 큰 사회적인 문제이다. 성범죄를 처벌하면 이 문제가 해결될까?

성 문제가 나오면 혹시 여성들은 남성들이 동물적이어서 그런다고 말할 것이다. 그러면 왜 동물적이라는 생각일까? 동물들은 사고가 없이 본능적으로 움직인다는 것을 인지하고 해서 하는 말일까? 남성들의 성인식도 문제이지만 사회가 이런 성 문제가 남성의 동물적이며 본능적이라는 것을 인정하고 그 돌파구를 열어줘야 하지 않을까?

그러면 사회가 이 문제를 용인하고 다른 장에서 언급한 카지노 문제를 허용하면 사회가 극도의 혼란 상태에 빠질까? 아닐 것이다. 모든 사람은 이성을 가지고 극기(자기관리)를 할 수 있으니까.

성 문제와 관련하여 특히 한국이 젠더 갈등의 소용돌이에 있다. 왜 다른 나라에서는 이러한 문제가 발생하지 않을까? 한 번쯤 생각해보았는가? 젊은 세대가 게임방에서 여성들이 남성 이름의 아이디를 사용하고 여성이 짧은 머리를 하였다고 페미니즘이라고 하고 도대체 페미니즘이 무엇인가? 현대사회에서 여성들의 지위가 올라가고 목소리가 커지고 법률로 성(性)에 대한 접근이 어렵게 하고 사회가 남녀 갈등을 더 부추기는 것은 아닌지.

사촌이 땅을 사면 배가 아프다

성은 인간의 본능이라고 말했지만 인간의 본능을 법으로 다스릴 수 없다. 이렇게 사회 또는 법률이 남성들이 여성에 접근하기 어렵게 만들었다는 것이다. 외국의 성인지 사고를 볼까? 그들은 성을 즐기는 것으로 생각한다.

필자가 1990년 초에 미얀마에서 회사 주재원으로 근무한 적이 있다고 했다. 미얀마는 당시 세계 최빈국으로 소득이 제일 낮은 국가였다. 그곳의 몇 개의 호수가 있는데 호숫가의 벤치에서 남녀가 앉아서 키스하고 포옹하며 무릎을 베고 누워있는 장면을 자주 보았다. 애정행각이 자유롭고 다른 사람의 시선을 전혀 의식하지 않는다. 이들은 삶이 어렵고 소득이 낮더라도 성의 표현은 자유롭게 즐긴다는 것이다.

한번은 필자가 유럽에 출장을 다녀온 적이 있었다. 귀국하려고 프랑스 파리의 샤를드골 공항에서 탑승하려고 하였는데 면세점 근처에서 남녀가 서로 부둥켜안고서 키스까지 자유롭게 하고 있었다. 한국적인 사고방식으로는 깜짝 놀라지 않을 수가 없었다. 만약에 한국에서 이러한 상황이 벌어졌다면 어떻게 할까? 사진을 찍어 'SNS(Social Network Service)'에 올리고 미풍양속 또는 표현이 너무한다고 동방예의지국을 떠들어 댈 것이다. 인간의 본성인 성을 억압하면 젠더 갈등 또는 풍선효과로 나타날 수가 있다.

한국은 조선시대 아니 그 이전부터 열녀문도 세우고 '남녀칠세부동석'이라고 하고 옛날부터 남성이 여성에게 접근하는 것을 막아왔다는 것이다. 여성분들에게는 표현이 미안하지만, 현대사회가 법률이든 제도든 간에 여성들의 옷고름을 닫아버렸다는 말이다. 옛말에 '열 여자 좋아하지 않는 남자 없다.'라는 말이 있다. 그만큼 남성은 본능에 의해서 여자를 좋아한다는 말이다.

남성의 성에 대한 본능과 접근을 사회와 제도가 막고 있다는 것이다.

여성이 머리를 짧게 자르는 것이 왜 문제가 된다는 말인가? 남성들이 옛날같이 여성에게 쉽게 접근할 수 없으니 이에 대한 불만스러운 사고가 젠더 갈등이 된다는 것이다. 그러면 이 문제를 법률과 교육으로 해결할 수 있을까? 현재도 그렇지만 이런 제도나 인식하에서는 향후에도 성범죄, 성문제, 몰카 문제 등이 없어질 수가 없다는 말이다. 남성들이 여성에게 농담도 할 수 없는 사회이다 보니 나중에 예쁜 여자를 쳐다만 봐도 법으로 다스릴 것인가? 필자가 여러 장에서 말하였지만 결국 우리 사회와 원인제공자가 대승적인 차원에서 이 문제를 이해하고 실마리를 풀어야 한다.

북미의 경우를 볼까? 성매매 당사자가 신문에 전화번호와 이름(가명)을 올려 광고하고 있다. 이것을 경찰들이 적극적으로 단속할까? 알면서 그냥 묵인하는 것이다. 인간의 본능을 법으로 단속하기 어렵고 풍선효과가 발생한다는 것을 알기 때문이다.

대한민국 사회에서 성추행이나 몰카에 관한 문제가 많이 발생하고 사회문제가 되고 있다. 성추행은 다른 문제이지만 그렇게 단속하니 이것은 풍선효과라고 볼 수 있다. 그래서 또 북미를 비교하는데 여기에서도 그렇게 많은 몰카에 관한 문제가 발생할까? 빈도와 정도의 차이가 있다는 것이다.

사촌이 땅을 사면 배가 아프다

8장

인구 감소와 육아 문제

인구감소와 출생률 저하

대한민국 인구의 감소 즉, '출생률 저하 문제를 어떻게 해결해야 하나'라는 문제를 제시하고 생각해 보고자 한다.

아시다시피 캐나다는 국토 면적으로 보면 전 세계에서 두 번째로 큰 국가이나 인구는 모두 삼천삼백만 명(필자가 캐나다에 거주할 때까지)이다. 그 드넓은 땅에서 인구밀도가 아주 낮다.

그러면 이 국가는 어떻게 인구를 안정적으로 유지하고 발전시키고 있는가? 바로 이민정책이다. 세계 각국에서 이민자들을 받아들여 지속해서 인구를 늘리고 있다. 정책적으로 출산하면 자녀 1인당 양육비로 얼마를 지원하겠다고 하는 유인정책을 이용하고 있지만, 기본적으론 이민을 받아들여 서로 융합해서 인구밀도를 유지하면서 살아가고 있다.

2022년 8월 11일 목요일에 발행된 조선일보 사설을 보니 일본의 인구는 1년 새 72만 명 감소하여 남양주시만큼 인구가 사라졌다고 한다. 영국 파이낸셜타임스는 최근 일본은 그나마 합계출산율을 1.3에서 더 떨어지지 않도록 막는 데 성공한 편이라고 했고, 한국과 홍콩은 일본보다 더 빠르고 끔찍한 인구감소 위기를 맞을지 모른다고 보도했다고 한다.

필자의 시골은 지금 졸업했던 초등학교가 버섯공장으로 바뀌고 중학교도 없어졌다. 일본의 도쿄에서도 정원 못 채우는 어린이집이 속출하고 아예 문을 닫는 경우도 많다고 한다. 태어나고 자란 시골 마을도 절반 정도

사촌이 땅을 사면 배가 아프다

가 빈집으로 있고 필자도 마을 종손으로 200년 넘게 유지해 오던 집이고 종갓집으로 정신적 지주인 터가 빈집으로 인구감소가 두드러지게 나타나고 있다.

그러면 우리나라는 어떻게 해야 하나? 필자가 몇 년 전에 인터넷에서 본 적이 있다. 어느 미국의 저명한 미래학자가 '금세기말 지구에서 사라질 국가는 대한민국.'이라고 언급하였다 이것은 우리 민족으로서는 끔찍한 얘기다. 세계적인 석학이 말했으니 얼마나 통찰력을 가지고 말했을까? 그래서 우리도 이민을 받아들이는 정책이 필요하다는 것이다.

해외에 흩어져 사는 한국인의 뿌리가 얼마나 많은가? 우선 타민족을 받아들이기 전에 중국과 러시아 등지에 살고 있는 한민족의 뿌리를 받아들여 인구감소를 막아야 한다. 일부는 그런 사람을 받아들이는 것에 반감을 가지고 있을 뿐만 아니라 해외노동자들에 대한 편견이 있는 것도 사실이다.

그러나 무작위로 외국인 이민을 받는 것이 아니라 해외에 사는 우리 민족의 뿌리를 먼저 받아들이는 것이다. 사실 이들은 뿌리가 같고 아직도 문화와 사고가 한국적이다.

역사적으로 보면 이들은 일제강점기 시절에 대한민국의 독립을 위해 또는 돈을 벌기 위해서 해외로 떠났던 분들의 후손이라고 볼 수 있다. 한국인 중 일부는 '우리나라가 경제발전을 이루어 잘살고 있는데 이들이 들어온다면 무임승차하는 것이 아닌가?'라고 할 것이다. 전향적으로 남을 배려한다는 생각과 같은 뿌리라는 생각을 가지고 받아들이면 될 것이다. 이웃을 배려한다는 발상을 해야 한다.

아무리 출산을 장려한다고 하여도 이미 대한민국 사회는 맞벌이 부부와 육아 문제로 인해 출산율이 낮아지고 인구감소도 지속될 것은 명약관화(明若觀火)한 사실이다. '사촌이 땅을 사면 배가 아프다.'라는 사고를 버리고 이웃을 배려하는 마음으로 이들을 받아들이는 것이 인구감소를 근본적으로 해결할 수 있는 것이다.

어느 대통령 후보가 공약으로 '신혼부부가 출산하면 출산지원금을 주겠다.'라고 공약한 것도 있는데 우리나라 재정이 감당할 수 있겠는가? 깊이 숙고해야 할 문제다.

며칠 전 동아일보의 인터넷 기사를 읽어보니 2021년 노벨경제학상을 수상한 데이비드 카드 교수의 인터뷰 내용이 나왔다. 지금 코로나 시국인데 팬데믹 상황에서 세계화는 후퇴되고 이민자에게 기회를 주는 나라가 부강해질 것이라고 말했다.

코로나 상황이 아니더라도 우리나라의 인구가 감소하고 노령인구가 늘어나 노동력과 생산력을 이전과 같이 기대할 수가 없고, 다른 장에서 언급하였지만, 출산율 또한 기대할 수 없는 상황이다.

캐나다는 세계에서 두 번째로 땅이 큰 나라인데 인구는 고작 3천만 명 정도인 구조이다. 출산율 역시 낮다. 그래서 이민자를 적극적으로 받아들여 인구감소를 지탱하고 있다.

앞에서 말하였지만 우리는 일제강점기에 많은 사람이 중국 및 러시아로 이주하였고 지금도 같은 언어와 문화를 공유하고 있는 사람들이 많으니 먼저 이런 대상들부터 적극적으로 열린 사고와 정책으로 이민을 받아들이자는 것이다. 북미로 전 세계의 이민자들이 몰리고 있는 상황인데 이것은 사전에 그들이 영어 공부를 열심히 하여 의사소통이 가능하다는 말이다. 그러면 다른 민족들보다는 한국에 와서 쉽게 동화되고 융화할 수 있다는 것이다.

사촌이 땅을 사면 배가 아프다

육아 문제

지금 사회에서 육아 문제가 심각하다. 육아 문제로 여자들이 결혼도 기피하는 현상으로 미혼과 비혼이 늘어나고 결혼연령도 높아지고 있다.

필자도 두 아이가 어릴 때 아내가 큰아이는 등에 업고 둘째는 손을 잡고 키웠다. 지금은 유모차가 있어서 조금 편하지만 그때는 없었다. 지금 생각하면 그때의 일이 선명하게 남아있다. 아내가 힘들게 '독박육아'를 하였다. 아내에게 고마울 따름이다.

지금은 대부분의 부부가 경제활동을 하다 보니 아내 혼자서 육아하기가 힘들다. 그래서 필자도 손자들을 돌보기 위해 가끔 아들의 집을 방문하곤 한다. 필자가 애들을 키울 때는 아내의 봉사가 필요했지만 지금 생각해 보면 애들이 스스로 큰 것 같은 생각이다. 애들을 키울 때는 힘든지 몰랐는데 손자를 키워보니 많이 힘든 것을 느꼈다.

그러면 육아 문제를 어떻게 해결해야 하는 것이냐? 다른 단락에서도 언급하였지만 몇 년 전에 방문하였던 홍콩의 예인 것이다. 육아비용을 낮춰야 한다는 것이다. 홍콩에서 가정부의 월급이 한화로 70~80만 원 정도한다고 하니 대한민국도 동남아의 저소득 국가에서 인력을 수입하여 낮은 급여를 제공하여 육아 문제를 해결해야 한다는 것이다.

그런데 대한민국의 노동법에서는 외국의 인력도 국내의 근로자와 같은 급여를 지급해야 하니 불가능한 상황이다. 우리 사회가 서로 양보하고 타

협해야 한다는 것이다. 아니면 국가가 부유해서 돈이 많아 모든 육아비
용을 부담해주든지….

사촌이 땅을 사면 배가 아프다

9장

이민 이야기

캐나다 이민 이야기

이민생활 얘기를 잠깐 해볼까? 필자가 이민하였을 때 '밤문화(술 마시고 노래방에 가고)'가 없다. 그래서 일이 끝나고 귀가하면 저녁에 가족과 함께 집에 있어야 한다. 술을 마시고 싶으면 식당이나 호프집이 있으나 음주운전 단속으로 술을 마시기가 어렵다. 술을 파는 곳도 주류판매 면허점(Liquor store)에서 한정해서 구매할 수 있고 일반 편의점에서는 구매할 수가 없다. 그나마 술을 마시고 싶으면 주류판매 면허점이 문 닫기 전에(오후 6시쯤) 가서 구매하여 혼자서 또는 아내와 함께 마신다.

밤문화가 일절 없으니 한국인으로서는 재미없는 천국인 것이다. 혹시라도 다른 사람과 저녁 약속이 있으면 항상 동부인(同夫人)하게 된다. 귀국하여서도 필자는 모임에 가능하면 아내와 함께 참석하고 있다.

필자도 한국에 거주할 때 밤문화(술과 노래방)에 익숙하여 이민 가서 가끔씩 생각이 났다. 환경이 그러하니 다른 장에서 주택 형태를 말했지만 이민자의 일부는 아파트와 타운하우스는 소음 문제로 노래방 설비를 할 수 없어 주택을 구입하여 지하를 노래방 시설이나 영화관람 또는 와인바 등으로 준비하여 지인들과 함께 즐기곤 하였다.

술 마시는 환경이 이러하고 대리운전 문화도 없다. 일부 한국인이 운영하는 주점은 대리운전이 있는 곳이 있다. 그래서 차를 가지고 술을 마실 때는 항상 그곳에 가야 한다.

사촌이 땅을 사면 배가 아프다

환경은 그러한데 경찰의 음주단속은 강도가 심하다. 운전자가 술을 마신 상태에서 운행하지 않고 운전석에 앉아만 있어도 음주운전으로 적발하고 함정단속도 비일비재(非一非再)하다. 주로 한국인들이 음주운전을 많이 하다 보니 술집 앞 주차장에서 경찰들이 기다리고 있다가 운전석에 앉자마자 바로 단속하는 것이다.

한번은 유학생 가족 중 한국에서 방문한 아버지가 골프를 친 후 지인 셋과 동승하였다. 음주운전으로 교통사고가 발생하여 4명 모두가 현장에서 즉사하는 사고가 있었다. 물론, 본인들 잘못이지만 경찰은 술을 판 가게를 조사하여 가게주인에게 왜 이렇게 운전자에게 술을 많이 팔았냐고 조사하고 벌금을 부과했다고 한다. 개인, 사회, 공무원(정부) 모두가 협력·단속하고 있는 것이다.

경찰의 다른 단속의 예를 볼까? 북미에서 음주운전 단속의 경우 경찰관이 검문할 때 운전자는 절대로 차 문을 열면 안 되고 밖으로 나오면 안 된다. 그 자리에 앉아서 경찰관의 심문에 응해야 한다. 차 문을 열거나 밖으로 나오면 곧바로 총으로 사살해 버린다.

그래서 뉴스를 접하면 북미에서 경찰이 과잉방어를 한다는 보도가 자주 나온다. 경찰의 공권력이 그만큼 강하다는 것이다. 조금이라도 반항하면 사살해 버린다.

대한민국에서는 음주한 자가 파출소에 가서 고성방가(高聲放歌)하고 주먹을 휘두르는 경우가 종종 있다. 북미의 경우에는 파출소도 없지만(별도의 공간이 없이 순찰차로 24시간 주변을 감시함), 대한민국은 이러한 공권력에 막무가내이거나 혹시라도 사고가 나면 과잉방어(過剩防禦)의 문제가 발생한다. 때에 따라서는 시위도 불사한다.

물론, 미국이 총기의 자유화로 서로 위험한 상황에 부닥칠 수 있어 그럴 수 있지만 한국인의 습성으로서는 이해가 안 되는 부분이다.

공권력을 말하면 캐나다는 대한민국에 비교해서 제도가 엄격한 것이 아닌가 하는 생각이 든다.

캐나다에 거주할 때 발생한 일이다. 한국식당에서 김치를 담기 위해 배추를 소금에 절여 상온 바닥에 그냥 놓아두었는데, 단속반이 와서 냉장고에 보관하라고 하였다. 그런데 한국에선 김치를 절일 때에 소금으로 간을 하여 상온에 보관한다. 식당 주인은 단속반의 지시를 무시하고 계속 상온에 놓아둔 것이다. 나중에 단속반이 들이닥쳐 절인 김치 위에 모래를 뿌렸다고 한다.

한국인 떡집에서도 상온에서 보관하는 게 일반적인 형태이다. 그런데 단속반이 위생상 냉장보관해야 한다고 했다. 하지만 냉장고에 떡을 넣으면 맛이 달라져 상온에 보관하여 약간 쉰 냄새가 날지라도 먹는다. 캐나다인이 볼 때는 이해가 가지 않은 부분일 것이다.

필자가 캐나다에 이민하였을 때 부동산중개인이 말한 바가 있다. 캐나다에서는 하지 말라는 것은 하지 않고 규정만 잘 지키면 편하다는 것이다. 실제로 법과 규정만 잘 지키고 살면 신경 쓸 일이 거의 없다. 대한민국 사회와 같이 분열되고 시끄럽지 않다는 말이다.

필자가 미국에 갔을 때 그곳의 부동산중개인이 본인도 만일에 대비하여 항상 권총을 휴대하고, 슈퍼마켓의 주인도 항상 책상 밑에 권총을 비치해 두고 있다고 한다.

캐나다에 거주할 때 미국에서 캐나다로 이민 온 젊은 부부에게 왜 캐나다에 이민하였느냐고 물었다. 그런데 남편(미국 육군사관학교를 졸업하고 비행기 조종사 교관)이 한번은 미국의 식당에 갔었는데 옆에서 식사를 하고 있는 사람을 향하여 총질하는 걸 봤다는 것이다. 그래서 그곳은 살 곳이 아니라고 생각하여 캐나다로 오게 되었다고 하였다.

캐나다는 총기 소지가 불법이고 의료보험이 100% 무료다. 병원 수술비도 당연히 무료다. 그래서 일부 미국인들에게 꿈이 무엇이냐고 물으면 캐나다에 이민하여 사는 것이 꿈이라고 한다.

그렇다고 캐나다가 지상낙원(地上樂園)이냐 하는 것은 개인적으로 다르겠지마는 기후가 좋지 않고(비가 많이 오고 눈도 많고 동부지방은 겨울에 영하 20도 이하로 내려감) 약간의 사회주의적인 제도가 가미되어 있어 장단점이 있는 것이 사실이다.

의료시스템을 한번 볼까? 캐나다는 1차병원(보통가정의학)에 가서 진료를 받고 환자의 상태를 보고 1차병원에서 2차 종합병원으로 보낸다. 모든 진료가 예약해야 함으로 예약 없이 진료받을 수는 없다. 그러면 감기·독감 등 급한 환자는 어떻게 하나? 이럴 경우 동네에 별도로 'walk in'이라는 진료소에 예약 없이 직접 가면 된다. 그러면 급한 중병의 경우 2차 진료인 종합병원에 가야 하는데 여기도 사전예약 없이 진료 보는 것은 안된다. 필자도 지병이 있어 동네 병원에서 2차 병원으로 보내졌는데 아침 일찍 접수하여 바로 진료를 보면 좋은데 하루 종일 기다리다 겨우 진료 마감 시간인 저녁 5~6시경에 담당 의사의 진료를 보았다. 의료비가 100% 무료인 대신에 절차나 과정이 시간이 많이 걸리는 것이다. 일부 중환자 디스크 수술 같은 경우는 2년 정도 기다려야 수술 일정이 잡히는 경우도 있다. 그래서 일부는 진료 수술 받기 전에 사망하는 경우도 있다. 의료비가 무료인 대신에 시간을 놓치는 경우가 있어서 필자의 지인 아들도 30대인데 암으로 제때 치료를 못 받아 사망에 이른 적도 있었다. 그래서 일부 한국이민자들은 대기시간이 길어 한국으로 돌아와 국내 병원에 치료를 받는 경우가 있다. 기다리다 죽는 것보다는 한국의 빠른 의료 서비스를 이용하는 것이다. 이런 경우를 보면 한국의 의료 시스템은 잘 되어있는 것이다.

캐나다의 지하철(sky train) 요금 단속을 얘기해 보자. 'sky train'이라 불리는 것은 지하보다는 지상노선이 더 많아서 그런 것 같다. 지하철을 타기 위해서 표를 사고부터 검표원이 없다. 그래서 무임승차로 매일 출퇴근도 가능하다. 만일 단속에만 걸리지 않는다는 전제하에, 그런데 가끔 전철 내에서 검표원이 단속한다. 대한민국도 'SRT(Super Rapid Train)'의 경우 같은 제도인 것 같다.

아무튼 외국의 사례를 도입하여 이용하는 데는 속된 말로 경지에 다다랐다고 해야 하나? 사회의 많은 분야에서 외국에서 좋다고 하는 제도는 많이 도입하여 사용하고 있다. 그런데 어떻게 이용·관리하느냐가 문제다.

캐나다 전철에서 무임승차 시 단속반에게 발각이 되면 '억' 소리 나게 벌금이 부과된다. 예를 들어 구간요금이 1,000원 정도라고 하면 적발될 시거의 100만 원 이상의 벌금을 부과한다. 금액이 너무 높기 때문에 무임승차를 하기가 어려운 것이다. 대한민국은 과연 어떠한가? 편리함에 대한 의무가 따라야 한다.

한 번은 캐나다에서 이민자들(주로 중국인, 한국인)이 고사리를 채취하는 경우가 있었다. 이 나라는 자원이 풍부하다고 말했는데 밴쿠버가 속하는 B.C.(British Columbia) 주(州)의 나무만 팔아먹어도 캐나다인이 200년 동안 먹고 살 수가 있다고 하니 얼마나 자원이 풍부한 나라인가. 자연에서 송이버섯 또는 고사리를 동양인들이 많이 채취한다. 그래서 필자도 아내와 같이 고사리를 채취하여 말려서 식용으로 사용한 적이 있다. 그런데 나중에 정부에서 이러한 사실을 알고 단속하여 캐나다화로 10,000불(한화 약 1천만 원)의 벌금을 부과했다고 소문이 들려 고사리 채취를 곧바로 중단하였다. '야생동물'(Wild Life)들이 먹을 것을 왜 사람들이 자연을 파괴하면서까지 채취를 하는가'라는 단속반의 얘기였다. 이렇게 규정을 어기면 벌금이 '악' 소리 나도록 부과되는 것이다.

다른 장에서 캐나다는 법만 잘 지키면 신경을 쓰지 않고도 살 수 있다

사촌이 땅을 사면 배가 아프다

고 언급하였는데, 한번은 실수라고 하기엔 어폐가 있지만 자동차보험에 관한 얘기를 해볼까 한다.

필자가 처음 캐나다에 거주할 때 자동차보험에 가입한 적이 있다. 그런데 보험회사는 정부에서 운영하는 한 곳뿐이다. 선택할 여지가 없는 것이다. 그래서 그런지 보험료가 엄청 비싸다. 당시 2003년 기준 캐나다화로 3,000달러(한화 300만 원) 정도이니 대한민국 기준으로 볼 때 엄청 높은 것이다. 캐나다 구조 자체는 약간의 사회주의적인 제도가 가미된 것 같았다.

캐나다에서 차를 구매하고 보험 가입을 할 때 한국의 보험가입증명서를 제출하면 캐나다에서 보험료를 할인하여 준다고 하여 이민 가기 전에 한국에서 가입한 서류를 구비하여 가져갔었다. 한국은 차량보험을 취급하는 여러 보험회사가 있어 여러 곳의 보험회사에 가입하였다.

캐나다의 보험회사는 정부에서 운영하는 한 곳이어서 서류발급 받기가 수월한데, 한국은 여러 회사이다 보니 모든 서류를 준비한다고 했는데 중간에 연도가 빠진 경우가 발생하였다.

캐나다에서 보험을 가입하려고 하니 그곳의 보험설계사가 한국의 서류가 조각조각이어서 연결이 안 되니 한 장의 서류가 없느냐고 하였다. 이민 운송을 취급했던 한국의 해외 운송회사에 알아보니 자기네들이 한 장으로 보험가입서류를 발급해줄 수 있다고 해서 발급받아(사실상 위조)서 캐나다의 보험회사에 제출하였다.

그 후 3, 4년이 지난 후에 거의 모든 한국인이 이런 방법으로 한 것이 들통이 나서 캐나다의 보험회사가 사실관계를 전수조사(全數調査)한 것이다.

결국 위조서류로 판명되어 캐나다화로 1만 불(한화 약 1천만 원)의 벌금을 내게 되었다. 말이 1만 불이지 당시 알바를 하여도 한 달 동안 급여가 캐나다화로 2천 불(한화 약 2백만 원)이 채 되지 않는 상황이어서 벌금을 내고 며칠 동안 잠을 이루지 못했다.

캐나다는 위법행위를 하면 한국말로 '억' 소리 나게 벌금을 부과해서 다시는 그런 행동을 할 수 없게 하는 것이다. 결국은 법과 규칙을 잘 지켰으면 문제가 없었을 것이다. 후회가 막심할 뿐이었다.

사촌이 땅을 사면 배가 아프다

미국여행

제목과는 다른 얘기로 캐나다가 아닌 미국으로 여행을 한번 해볼까? 캐나다에 이민 왔으니 미국 여행을 가족과 함께 승용차로 미국으로 여행을 가기로 했다. 캐나다도 그렇지만 미국 역시 땅이 워낙 커서(한 개의 주가 한반도보다 더 큰 곳도 있다) 목적지인 옐로스톤(Yellow Stone)까지 하루 안에 도착할 수 없다. 이곳은 죽기 전에는 꼭 가봐야 한다고 알려진 미국의 북서부의 국립공원이다.

북미 지역은 땅이 넓어서 승용차로는 이동하기 불편하기 때문에 여행할 때는 주로 캠핑카를 이용한다. 필자가 거주했던 캐나다의 서부 밴쿠버에서 동부 토론토나 몬트리올까지 승용차로 일주일 정도 소요된다고 한다. 북미 중 하나의 국가를 승용차로 일주하는 데 걸리는 시간이 한 달 정도이므로 우리의 상상을 초월한다. 내비게이션도 없던 시절이어서 출발 전에 지도책을 철저히 검색한 후 사전 준비도 단단히 해야 했다.

주유소를 들르면 항상 모텔 숙박 할인권이 있으므로 유용하게 사용할 수 있다. 밴쿠버에서 옐로스톤까지는 미국의 워싱턴주를 지나 몬태나주와 와이오밍주 그리고 아이다호주에 걸쳐 있다.

여행 중 창밖으로 보이는 풍경은 주별로 조금씩 다르다. 어느 곳은 아프리카의 풍경 같고, 어느 곳은 아시아의 풍경 그리고 미국과 같은 풍경 등 다채롭고 흥미롭다. 그래서 다시 한번 '역시 국가는 영토가 넓어야 한다.'

라고 생각하였다.

영토가 넓다고 하여 무조건 좋은 것은 아니다. 필자가 거주하였던 밴쿠버(브리티시컬럼비아주)의 바로 옆인 앨버타주는 1년 중 8개월을 눈과 함께 생활하는 것을 보면 기후가 썩 좋은 편은 아니다.

워싱턴주를 지나 옐로스톤 국립공원의 입구에 들어서면 사람도 많고 밖으로 야생동물(곰, 사슴)을 볼 수가 있다. 마찬가지로 캐나다에서도 주거지에서 항상 야생동물을 볼 수가 있다(필자도 밴쿠버 시절에 집 앞에서 곰과 1m 앞에서 마주친 적도 있다).

말이 옆길로 샜는데 필자도 주택(House)에서 거주하였지만 이 나라는 땅이 넓기 때문에 한국과 같은 아파트는 많지 않고 대부분은 주택에서 거주한다. 그러하기 때문에 항상 너구리(라쿤)나 곰 등을 볼 수가 있고 숲에서는 쿠거(퓨마)가 있다. 저녁때에는 주택의 정원에 있는 나무 위에 너구리가 올라가 있고 아침에 일어나면 쓰레기통이 뒤집혀있는 것을 자주 본다.

환경이 이러하다 보니 현지인들은 숲으로 산책을 즐기는데 항상 애완견을 데리고 간다. 대형견도 함께한다. 이러한 이유가 동물을 사랑한다는 면도 있지만 산책할 때 동물들에 의한 불의의 사고를 예방하기 위한 측면이 있다. 우리가 애완견을 좋아하는 방식과는 다른 것 같다.

공원 입구에서 멀리 바라보니 초원 위의 연못(샘)에서 하얀 수증기가 올라오고 가까이 가보니 뜨거운 물이 지하에서 뿜어져 나오는 광경을 보니 이것이야말로 노상 온천이다.

그중에 물기둥이 몇 초에 한 번씩 높게는 30m 정도 간헐천과 같이 솟아오르는 광경을 보았다. 별천지 같이 느껴졌었다. 조금 더 안쪽으로 들어가니 유황 냄새가 코를 찔렀고 가까이에서 보니 연못에서 유황이 흙탕물을 끓이고 있었다. 바위도 녹는다고 한다. 어느 곳은 유황이 언덕 위로 흘러 끓고 있고, 그래서 언덕과 산이 만들어지고 태초에 지구 탄생을 연

사촌이 땅을 사면 배가 아프다

상시키는 모습이었다. 학교에서도 못 했던 자연에 관한 공부를 톡톡히 한 것이다.

  신비한 자연을 구경하고 돌아오는 길에 운전이 힘이 들어 밴쿠버와 가까운 워싱턴주의 한 카지노 호텔에서 숙박하고 아내가 운전을 대신하였다. 북미의 큰 호텔은 예외 없이 카지노와 함께 운영되고 있다. 또 한 번 느꼈는데 이래서 큰 나라고 국민도 잘살고 있다고 생각하였다.

북미의 문화와 세금

제목과 다른 얘기이지만 북미의 팁(tip)에 대한 문화를 한번 보자. 1990년도 말에 미국을 처음 방문하게 되어 식당에 가게 되었다. 가이드가 미국은 식당 및 서비스업에서 식대 이외에 팁을 10% 정도 지불해야 한다는 것이었다. 한국식으로는 정해진 식대만 지불하면 되는데 추가로 팁을 줘야 한다니 조금 의아하게 생각하였다. 그 후 캐나다에 이민하여 식당을 이용할 때마다 10% 정도의 팁을 지불하는 데 적응이 잘 되지 않았다.

한번은 대한민국에서 하던 대로 "이모 여기요~" 외치듯이 캐나다의 식당에서 헬로(hellow)를 외쳤다. 그랬더니 주변의 모든 사람이 우리를 쳐다보는 것이었다. 조금은 민망하고 쑥스러웠다.

나중에 보니 대한민국같이 소리 내어 부르지 않아도 식탁에 웨이터나 웨이트리스가 수시로 찾아와서 필요한 게 없는지 물어보고 체크하는 것이었다. 물론, 팁에 관한 제도가 있으니 그러하겠다고 생각하였다.

대한민국의 상황은 팁에 대한 문화가 없어 바쁜 시간에 식당에 가면 '이모~', '아줌마~'하고 큰 소리로 소리쳐 불러도 듣는 둥 마는 둥이다. 역시 어디에서나 돈은 좋은 모양이다.

필자가 귀국할 때까지 이곳의 팁 문화에 적응하지 못하였다. 보통 팁은 음식값의 10%로 약속이 되어있는데 강제성은 없다. 그래서 10%, 15%, 5%의 팁을 마음에 따라서 지불하는데, 필자가 귀국하기 전에는 25%까지

사촌이 땅을 사면 배가 아프다

도 지불했고 음식값이 높을수록 비율도 높아지는 것이다. 대한민국에서처럼 '이모~', '아줌마~'를 외치지 않아도 알아서 서비스해주니 좋기는 하지만 귀국 전까지 얼마의 팁을 줘야 하는지를 항상 고민하였다.

캐나다에서 14년을 거주했는데 아직까지 헷갈리는 것이 있다. 무게 단위인 파운드(LB)와 길이 단위인 피트(feet)이다. 한국은 무게 단위를 kg, g을 사용하는데 북미는 파운드를 사용한다. 그래서 10파운드, 15파운드 등을 얘기할 때 이것이 얼마 정도 무게인지 감이 오지 않는다.

물론, 우리가 사용하는 무게 단위도 저울로 정확히 재지 않고 눈대중으로 대강 짐작하지만, 파운드 단위는 전혀 감이 오지 않는다. 그래도 필자가 연어낚시를 해보아서 캐나다인에게 물어보면 몇 파운드인지 측정 가능하여 지금은 10파운드 하면 연어 크기로 어느 정도 하는지 짐작할 수 있다.

서양인들이 신체적으로 동양인들보다 크고 체중도 많이 나가므로 우리가 사용하는 측정단위보다 크고 많다고 생각한다. 피트도 마찬가지이다. 우리는 m, cm를 사용하는데 그들이 1피트, 2피트 이렇게 말하면 어느 정도 길이인지 감이 오지 않는다. 1피트는 어른 발 길이 하나 사이즈인데 보통 3피트 그러면 1m를 생각하면 된다. 어떻든 지금까지 두 단위가 머릿속에 확 들어오지 않는다.

하나 더 영어 표현 중 'Smoke Free'와 최근에 총기사고가 많이 발생되어 'Gun Free Zone'이란 글도 보인다. 이런 글씨에 'X'자 표시를 해놓았다. 담배를 자유롭게 피우는 곳이라는 것인지 아닌지, 총기를 자유롭게 사용하라는 것인지 아닌지, 필자가 아직 영어에 익숙하지 못해서 그런지 이 표현 또한 헷갈린다.

또 다른 표현은 good afternoon과 good evening이다. 이것은 학교에서 쉽게 배웠던 인사말이다. 이 표현을 언제 사용해야 하는지 처음 이민

와서 많이 혼동하였다. good afternoon은 학교에서 오후의 인사라고 배웠고, good evening은 저녁때의 인사말이라고 배웠다. 그런데 표현의 시간대가 아리송한 것이다. 필자는 배운 대로 'good evening.'을 대충 오후 5시부터 이른 저녁에 사용하였고, 저녁 잠들기 전에는 good night으로 생각하고 있었는데 이곳 사람들은 점심 식사 직후부터(약 오후 2시부터) good evening이란 표현을 한다. 너무 이른 시간대에 사용하는 것이 아닌가 생각했는데 '자기들의 언어인데 맞겠지.' 하고 이해하고 넘어가는 것이다.

또 다른 경험은 'You pick'이라는 것이다. 주로 블루베리 농장 등 작은 열매를 따기 위해 많은 인력이 소모되는 농장에서 나타나는 현상이나 물론 기계로 열매를 따기도 한다. 체리(Cherry)류를 딸 때도 그렇다. 인건비가 높기 때문에 농장에서 열매를 따서 파는 대신에 소비자가 직접 농장에 들어가 열매를 가져갈 만큼 따고 계산하는것이다. 물론 내 인건비가 들어갔으니 농장에서 바로 사는 것보다는 가격이 저렴하다. 필자도 여러 번 'you pick'을 경험하였다.

대학까지 영어를 공부하고 해외 주재원으로 근무하면서 영어를 사용하였지만 완벽한 영어 구사는 아직도 어렵다. 대화는 어느 정도 가능한 것이었으나 특히 상대방을 보지 않고 대화하는 통화는 어려웠다. 그래서 우체국을 운영할 때 알바 직원이 전화를 받을 때 뒷방에 연결되어 있는 수화기를 들고 대화 내용을 몰래 듣는 식으로 노력을 하니 전화 통화도 가능하게 되었다.

한 가지 더 이민 와서 한국인이 영어로 'Yes', 'No', 'Thank You', 'No Problem', 'Of Course', it's my pleasure와 같은 표현을 상황에 따른 즉답이 나올 때 영어가 정복되었다고 할 수 있다고 하였다.

팁에 대한 얘기가 나왔으니 캐나다의 세금에 대해서 알아볼까? 일반적

　　　　　　　　　사촌이 땅을 사면 배가 아프다

으로 법인세나 소득세는 우리가 알고 있는 것과 동일하다. 그런데 상거래에서 발생하는 세금은 가격에 GST(Federal Goods and services Tax), PST(Provincial Sales Tax), HST(Harmonized Sales Tax)라는 것이 붙는다. GST 등은 굳이 표현하자면 영업세의 의미인데 한국의 부가가치세와 비슷한 개념이다. 재화와 서비스에서 발생하는 세금이라고 생각하면 된다.

그런데 이들 세금은 주별로(Province) 붙는 세금이 다르다. 어떤 주는 GST, PST, HST 등의 모든 세금이 부과되지만 어떤 주는 GST만 내고 PST, HST는 부과되지 않는 경우가 있다. 그래서 가격표는 항상 세금을 제외한 금액으로 표시된다. 그래서 거주하는 주(州)를 떠나 다른 주를 여행할 때는 전체의 물건값을 다르게 지불하는 경우가 있다.

그래서 한국인이 처음 캐나다에 왔을 때 가격을 혼동하는 경우가 많다. 식당이든 마트든지 세금을 제외한 금액으로 표시가 되어있어 한국과 같이 세금을 포함한 표시와는 달리 착각하는 경우가 많다.

예를 들어 한국은 물건값이 110원이면 당연히 세금(부가가치세)이 포함된 가격이나, 캐나다는 100원이 표시되어 있으면 추가로 세금을 고려해야 한다. 그래서 식당에서 식사할 때 메뉴에 나와 있는 가격만 생각하면 안 된다. 식대 외에 GST, PST, HST 등을 추가로 생각해야 하고, 거기에 추가로 팁까지도 지불해야 한다. 부가적인 세금 등이 물건값 외에 당연히 지불해야 하는 것이나 추가로 돈을 더 내야 하는 것같이 보여 항상 혼란스럽다.

그래서 가격표만 보고 저렴하다고 생각되어 덥석 구매하거나 소비하면 안 되고 항상 가격표 외에 추가적인 세금과 팁을 고려하여 결정하여야 한다(미국도 마찬가지다). 이러한 상황도 한참을 지나야 적응이 되는 것 같다.

글을 쓰고 있는 시점에 이른 아침(6시경) 인터넷 뉴스발 이태원에서 핼로윈데이 참사 보도를 보았다. 혹시 기사가 잘못 올라오지 않았나 하고 보고 또 보았다. 그야말로 대형참사가 일어난 것이다. 압사에 의한 사망자가

150명을 넘은 것이다. 사망자의 연령대가 10~20대가 대부분이라니 정말 안타까웠다. 필자도 미얀마와 캐나다에 이민가서 경험하였지만 핼로윈데이 행사는 어린아이들이(가끔 부모와 함께) 삼삼오오 모여서 복장을 하고 주변 집을 돌아다닌다. 그래서 필자도 사탕을 준비하고 내주곤 하였다. 이렇게 대규모의 인파가 모여 축제하듯이 하는 것을 보지 못하였다. 나중에는 귀찮아서 집을 소등하고 조용히 지냈다. 그러면 집에 사람이 없는 것으로 생각하여 어린애들이 그냥 지나치는 것이다. 여러 단락에서 언급하였지만 우리는 서양의 많은 것을 도입하여 이용하고 서양의 명절까지도 행사하고 있다. 발렌타인데이, 화이트데이 등도 그렇다. 그런데 어떻게 받아들이고 이용하느냐가 문제인 것이다. 이렇게 대규모로 열정적으로 피가 끓듯이 하지 않는다는 것이다. 이런현상 때문에 우리의 전통문화인 단오나 청명 그리고 한식 등의 명절은 사라져가고 서양에서 좋다고 하는 많은 것을 무분별하게 받아들여 행하고 있는 것이다. 그러면 이런 대형참사의 문제를 누구의 잘못이라고 해야 하나? 참가한 젊은이? 아니면 경찰관의 관리 소홀도 문제지만 서양의 문화가 많이 도입된 상황에서 이런 행사를 못 하게 하면 또 어떠한 반응이 나타날까? 이것도 결국은 우리의 의식 문제(관리와 국민의)라는 것이다. 관리하는 공무원들도 자기 가족이라면 이렇게 대응했을까? 필자도 도저히 화를 참을 수 없어 과음을 했다. 또 한번 유명가수의 노래를 불러본다. '아~어쩌란 말이냐 이 아픈 가슴을~ 아~어쩌란 말이냐 이 아픈 마음을~' 세월호 참사도 마찬가지다. 필자가 캐나다의 집에서 배가 침몰하고 있다는 뉴스를 속보로 보았는데 아무런 조치가 이루어지지 않고 있었다. 필자의 생각으로는 공권력이나 군인력을 투입해서라도 조난 상태인 배에서 많은 학생을 구조해야 하는데 최우선적으로 책임져야할 선장은 몰래 보트로 탈출하고 국가의 최고 책임자는 아무런 지시도 없고 고귀한 수많은 희생자가 저항도 못 하고 수장된 것이다. 이것 또한 최

　　　　　사촌이 땅을 사면 배가 아프다

고책임자와 현장을 지휘하고 있는 사람의 의식이 문제라는 것이다.

이러한 대형참사가 원인 파악을 하고 대책을 수립한다고 해서 다음에는 일어나지 않을까? 아니다. 원인 파악을 한다고 항상 듣는 말은 자연재해인가 인재인가를 따진다. 이번의 사고도 인재라고 말한다. 골목이 경사지고 협소하며 미끄럽기까지 하고 돌멩이 같은 것에 걸려서 등 여러 가지 원인을 말하고 있다. 이것이 분명히 자연재해가 아니고 인재는 인재인바 그러면 이러한 사태를 예방하기 위해 국토의 모든 지형이나 건축물을 바꿔야 하나? 물론 조금은 개선이 될 수도 있겠지만 원인은 공권력에 의한 관리 및 당사자의 의식이 문제라는 것이다.

방송에서 사태의 추이를 설명하는데 좁은 골목에서 밀리는 사람들이 '뒤로 뒤로'를 외쳤는데 오히려 뒤에서는 '밀어 밀어'라고 외쳤다고 한다. 필자는 뒤에서 외쳤던 사람들의 뇌의 구조(사고방식)가 어떠한지 정말로 궁금할 뿐이다. 뒤에서 밀면 압사할 것은 뻔한 것인데 왜? '밀어 밀어'를 외친다는 말인가? 이런 비극적인 상황에서 일부의 시민들이 인공호흡을 하고 인근의 점포들까지도 같이 최선의 구조를 하는데 협력하였다. 그러함에도 불구하고 옆에서 떼춤을 추던 그러한 사람들의 사고는 어떻게 설명해야 할까? 필자가 다른 장에서 사주와 운명을 얘기하였지만 잘못을 저지른 당사자는 본인이 당대에 벌을 받지 않으면 후대에서도 반드시 벌을 받을 것이다. 사자성어에서도 '사필귀정, 인과응보((事必歸正, 因果應報)라는 말이 있다.

비단 이런 경우만 있을까? '왕따'를 언급했지만 가해자들의 뇌 구조, 그리고 물 위에 설치되어있는 흔들다리를 중간에서 사람들이 건너가는데 발을 구르고 다리를 일부러 흔들거리고 그러면 당사자들은 무서워 비명소리를 지르는데 멈추지 않고 계속하는 사람들의 뇌구조는 어떻게 생겼단 말인가? 피해자들의 두려움에 희열을 느끼자는 것인가? 뉴스에서 인도의 흔들다리를 흔들어서 무너져 150명 이상 익사하였다고 한다. 본인들의 부모 형제가 이러한 상황에 처해있는 데도 그렇게 할까? '제발제발' 생각을 하자는 것이다. 오래전에 필자가 TV 방송을 보는데 시간이 흘러 이유가 무엇인가는 모르겠지만 젊은 부부가 어린 아들을 잃었다고 말했다. 이 부부의 심정은 어떠했을까? 그래서 한국이 싫어 이민을 떠나겠다고 했다. 우째서? 이런 일이 한국 땅에서 일어날까? 꽃을 피우지도 못한 어린이를 하늘나라로 보낸 부모의 심정은 어떠할까?

사촌이 땅을 사면 배가 아프다

10장

한국과 북미 문화

한국과 북미의 밤문화

　한국인으로서는 밤 문화가 없어 세상 재미없고 무미건조한 것 같고 그래서 남자들도 우울증에 걸리곤 한다. 특히 우기(雨期, 11월~3월)에는 매일 비가 오고 오후 3시면 어두워져 집콕(집에 콕 틀어박혀)하여 TV나 비디오로 영화감상을 해야 한다. 특별한 취미가 없는 한 말이다.

　미국 생활도 거의 비슷하다. 그나마 미국은 한국인들이 많이 살고 술도 마트에서 살 수가 있고 약간의 한국식 밤문화가 있으나 캐나다와 거의 비슷한 생활이다.

　그래서 필자도 캐나다에 거주할 때 밤문화가 없어 일찍 귀가하여 비디오테이프나 빌려보고 TV나 보면서 가족과 함께하였다. 그러다 보니 지인들과 밤 모임이 있으면 항상 부부동반으로 참석하였다.

　귀국하여 친구들 모임에도 필자는 가능하면 아내와 동반하였고 참석자 중 부부동반은 우리뿐이었다. 이제와 보니 나이 들어서 부부가 함께한다는 것이 즐겁고 행복한 생각이 든다.

　예전에 미국은 부부가 6개월 이상 떨어져 지내면 이혼 사유가 된다고 들었다. 그래서 우리도 해외파견근로자가 6개월을 근무하면 귀국하도록 휴가제도가 생겼는지 모르지만, 서양은 이러한 상황을 오래전부터 법으로 규정하여 가정이 깨지지 않도록 보호하고 있는 것이다.

　이민 가기 전에는 필자도 혼자 모임에 참석하곤 하였는데 환경이 이렇

　　　　　　　　　　　　　사촌이 땅을 사면 배가 아프다

게 필자의 생활 습관을 변하게 만든 것이다.

꿈을 가지고 일확천금(一攫千金)은 아니지만 성공한 인생을 살기 위해서 행복을 위하여 아니면 자녀교육을 위하여 일부 사람들은 서구 사회를 동경해서 이민을 떠난다. 그런데 내부를 살펴보면 이민 생활이 생각만큼 쉽지 않고 내 마음대로 되지 않은 것이다.

지금 대한민국에서 동남아의 저임금 국가로부터 입국하여 일하고 있는 외국인노동자들의 생활이 한국인들이 북미에 이민 가서 거의 같은 수준의 일을 한다는 것이다.

물론, 돈이 많아 많은 돈을 가지고 이민을 한 경우는 예외지만, 대부분 기업 이민을 떠난 사람 또는 다른 종류의 이민으로 떠난 사람은 대한민국의 외국인노동자와 같은 삶과 생활을 하는 것이다.

유학 이야기

초기의 유학은 대학을 졸업한 뒤 더 깊고 다양한 학문연구를 위해서 하였다. 지금은 글로벌시대라고 초등학생 심지어 유치원생 때부터 유학을 한다. 필자도 아이들이 초등학교, 중학교 때에 다녀왔다.

일찍 유학하여 잘된 사람도 있고 의미 있는 전문직을 따서 또는 세계적인 일류기업에 높은 연봉을 받고 취업하는 경우도 있다. 사실은 극소수이다. 대한민국에서의 공부도 어려운데 더구나 외국어로 공부한다는 것은 쉬운 일이 아니다. 처음 학원 상담을 받을 때 원장님이 영어(국어), 수학 얘기를 하면서 "수학은 영어공부인가요? 수학공부인가요?"라고 물어봤다. 물론 수학도 영어로 된 교재이므로, 잠깐 영어공부라고 생각했다. 원장의 답은 "영어는 영어고 수학은 수학."이라는 것이다. 그곳에서 직업을 구하지 못하고 대한민국에 귀국하여 취업하는 경우가 허다하다.

유학이라는 것이 영어를 배우고 서양인과 어울려 살아가는데 국제화시대에 맞는 말이다. 그런데 앞서 말했지만 학문적 영어공부는 어렵지만 일상생활 영어는 한 달 정도만 외국인과 생활하여도 금방 습득할 수가 있다. 기본적인 영어교육만 받았다면 말이다.

그러나 필자가 볼 때는 단점도 많은 것 같다. 대한민국 사회는 인맥이나 학연으로 맺어지는데 외국에서 학교에 다닌 학생들은 친구나 인맥 같은 것이 약하기 때문에 결국 대한민국으로 돌아오면 어려운 상황이 되어

버린다.

이민 가기 전 캐나다에 가면 '주 5일 근무에 편한 생활을 할 수 있겠구나.' 생각했는데 막상 가서 보니 영어가 서툴러서 알바 자리도 월 1,500불(한화 150만 원) 정도가 고작이었다. 자영업을 하더라도 쉽게 할 수 있는 것이 한국의 편의점 같은 것인데 1년에 하루만 쉬고 일해야 했다.

다른 업종도 상황은 마찬가지였다. 당시 한국은 주 5일 근무제가 시작되었고 대세가 되는 환경이어서 '이러려고 이민하였나.' 하는 생각이 들었다. 차라리 한국의 노동환경이 그리운 것이었다. 그래서 주 6일을 일하는 직업을 찾다 보니 우체국을 운영하게 되었고 수익이 별로여서 다음엔 주 6일을 일하는 세탁소를 경영하게 되었다.

그곳에도 코인세탁소(Coin laundry)이 있는데 이것 또한 1년을 거의 쉬지 않고 일해야 하는 것이었다. 한국에는 무인 코인방이 많으나 캐나다는 그렇지 않다.

무인 가게는 좀도둑의 표적이 된다. 담뱃값이 비싸기 때문에 주로 편의점과 무인가게가 해당한다. 전자제품의 가격도 고가이므로 컴퓨터 관련 판매점도 표적이 된다.

한인이 운영하는 회사가 컴퓨터, TV 등을 취급하는 곳인데 도둑들이 '바이킹 영화'에서나 나오는 큰 통나무를 깎아서 철제문에 돌진하여 부수고 훔쳐갔다. 필자도 우체국을 운영하면서 수익률이 높지 않아 그 회사의 제품을 취급하고 있었는데 현관 유리문을 부수고 도둑이 들어왔다. 새벽에 달려가서 출동한 경찰관에게 도둑들이 버리고 간 담배꽁초를 주워서 지문 감식이라도 해보라고 했더니 못 한다고 하였다. 적극적으로 피해조사도 하지 않는 것이었다.

필자의 가게 앞에 한국인이 운영하는 편의점이 있었는데 자주 담배를 훔쳐가는 도둑이 들어 경찰관이 출동하곤 하였다. 한 번은 편의점 주인이 도둑을 잡아달라고 경찰에게 신고한 사람을 새벽까지 취조를 받는 바람에 다음부터는 신고할 엄두도 나지 않았다고 했다.

말인즉슨 도둑놈 한 명을 교도소에 보내서 관리하는 비용이 월 3천 불(한화 300만 원) 정도가 소요되니 예산 문제로 경찰이 적극적으로 임하지 않는다는 것이었다. 본인 스스로가 조심하고 주의해야만 하는 상황이다. 한 가지 더 가게 문에 안쪽에서 잠금장치를 설치하면 소방법상 불법이다. 밤에도 가게 불을 안쪽이 보이도록 훤히 켜야 한다. 이유는 가게 안에서 혹시 도둑과 싸움이 벌어졌을 경우 도둑이 도망갈 수 있는 퇴로를 만들어 줘야 한다는 것이다.

그리고 일명 '기러기가족'이란 말이 있는데 이것은 절대 피해야 한다. '안 보면 멀어진다.'라는 속담처럼 서양 속담에도 'out of sight out of mind'라고 있는데, 안 보면 멀어지는 법이다. 대한민국의 기러기가족이 자의 반 타의 반으로 깨지는 경우를 많이 보았다.

그나마 '독수리가족'은 조금 덜하다고 볼 수 있다. 독수리가족은 부인과 자녀가 유학을 하고 있어도 언제든지 마음만 먹으면 비행기 타고 현지를 방문할 수 있으니까. 유학 중인 자녀의 아버지에 대한 감정은 어떨까? 자녀들은 같이 생활하지 않다 보니 아빠(아버지)를 돈 벌어서 보내주는 기계로만 생각하는 부분이 있다.

이민의 형태가 어떻든 간에 가족이 서로 떨어져 생활한다는 것은 반대다. 이런 가족의 자녀들이 과연 가정교육을 제대로 받고 자랄 수 있겠는가 말이다.

확실한 목표 의식이 없으면 이전의 유학방식 즉, 국내대학 졸업 후에 유학하는 것이 좋은 방법이라 생각된다. 인간이 가정을 가지고 가족들과 같이 행복한 생활을 하기 바라는데 왜 기러기가족으로 찢어져서 살려고 하는지. 물론, 가족 전체가 유학하는 것은 반대하지 않는다. 필자의 큰아들은 다행히 전문직을 따서 문제가 없지만, 졸업하여 해외로 떠날 때의 마음은 성공하여서 부귀영화(富貴榮華)를 누리겠다는 마음으로 갔는데, 만약 일반대학을 졸업해서 평범한 생활을 한다고 할 때 잃어버린 것이 더 많을 것으로 생각하므로 독자들도 한 번 심사숙고(深思熟考)하기 바란다.

필자가 이민하기 전에 미국에서 주재원으로 살다가 귀국한 지인에게 상담하였는데, 그분의 이야기가 이민가면 그곳의 주류사회에 편승하여 살아야 한다고 하였다. 그런데 영어도 현저히 부족하고 가진 것(돈)도 없는 현실에서 어떻게 주류사회(主流社會)에 진입할 수 있겠는가? 한국인들이 생각하는 그런 동경의 꿈을 살기 어려운 실정이다.

우리나라의 이민역사가 처음에는 피난민(북한에 고향을 둔)이 대부분이었다. 왜? 고향 땅에는 갈 수가 없으니 외국 국적이면 고향을 방문할 수가 있을까 하는 생각이었을 것이다. 그다음 많은 호남인이 이민을 떠났다. 왜 그랬을까? 독자들이 나름대로 판단하여보길 바란다. 독자들도 이민의 목적을 정확히 판단한 후에 실행하실 것을 부탁드린다.

솔직히 필자가 이민했다가 귀국한 이유는 죽어서 묻힐 곳이 '캐나다인가? 대한민국인가?'를 고민한 끝에 결정한 것이다. 필자도 내가 태어나고 자란 대한민국 땅을 사랑하고 이 땅에 묻히고 싶은 것이다.

11장

낙시

캐나다에서의 낚시

한 가지 더 얘기해 봅시다. 필자는 낚시를 좋아한다. 캐나다에 이민하였을 때 그곳에서 민물 및 연어낚시를 하였다. 아시다시피 캐나다는 모든 자원 즉 광물과 어족자원 등이 풍부하다. 옛날 캐나다 동부 해안(대서양)의 고기잡이배는 바다에서 양동이로 물고기를 건져 올렸다고 한다. 지금도 마을에는 랍스타(Lobster)가 동네를 기어다닌다고 할 정도로, 자원으로 말하면 진정으로 혜택(복)받은 땅이다.

그곳에서 낚시하려면 정부에서 발행하는 낚시 면허증을 사야 한다. 그래서 어종별로 낚시하는 강이나 바다에서 포획할 수 있는 어종과 마릿수를 법으로 정해놓았다. 귀국해서 보니 우리나라도 그런 것을 법으로 정해놓은 것 같다.

그런데 캐나다는 낚시를 관리·감독하는 공무원이 있다. 정부에서 면허증을 판매하는 수입을 재원으로 공무원을 채용해 관리·감독하는 것이다. 이 공무원들은 낚시하는 사람들이 법에서 규정한 대로 하지 않으면 보트, 낚시도구, 포획한 물고기 등을 압류한다. 그리고 과태료를 부과한다. 그래서 준법정신이 강하다.

그런데 대한민국은 어떠한가? 법과 제도가 있어도 지키는 사람도 없고 적극적으로 관리·감독하는 공무원도 없다. 그렇기 때문에 자원이 풍부한 캐나다이지만 이런 자원을 지키고 후대에 안정적으로 물려주는 것이다.

사촌이 땅을 사면 배가 아프다

민물낚시의 경우 낚싯대는 한 개만 사용해야 하고 바늘도 한 개만 사용해야 한다. 대한민국에 귀국하여 낚시 방송을 보면서 깜짝 놀랐다. 민물낚시의 경우 낚싯대를 10여 대 정도를 설치하고 물론, 투망도 사용한다. 즉, 물고기를 싹쓸이한다는 것이다. 씨를 말리는 현상이다.

법과 제도가 있은들 뭐 하나? 합리적으로 법을 제정하고 준수해야 하지 않겠는가. 나만 만족하고 많이 잡고 법이 있어도 관리·감독이 부재하고 낚시꾼들이 지키지 않으면 무용지물이다.

북미사람들은 하지 말라고 법에서 정한 것은 철저히(?) 지킨다. 우리는 어떠한가? 법과 제도가 있어도 법망을 피해 일탈하고 있는 경우가 비일비재하다. 왜? 즉, 나만 생각하고 만족하면 된다는 사고방식으로 '사촌이 땅을 사면 배가 아프고', 내가 먼저 선점하고 남을 배려하지 않는 습성이 있는 것이다. 법과 제도는 서양을 모방해서 따라 하고 있으나 사고와 인식이 따라가지를 못해서 그런 거 같다.

연어 낚시

연어는 종류별로 크기가 다르지만 '킹 새먼'이라는 종은 무게가 15파운드(약 7kg)에서 35파운드(약 17kg)가 낚시로 잡힌다고 했다. 낚시꾼 입장에서는 손맛이 최고다.

흐르는 강물에서 이런 큰 연어가 잡히면 무게를 이기지 못하여 낚시인들은 고군분투하여 필사적으로 힘과 기술을 이용해 연어를 잡는다.

필자도 '킹 새먼'을 처음 낚았을 때 그 기분은 하늘을 나는 것 같았고, 한번은 이 연어와 빠르게 흐르는 강물에서 힘 겨루기를 한 후에 뭍으로 끌어 올렸는데 거의 기진맥진하고 탈진할 정도의 경험이었다.

캐나다는 낚시 규정에 민물낚시는 하나의 낚싯대로 미늘(물고기가 물면 빠지지 않도록 가시처럼 만든 작은 갈고리)이 없는 외바늘을 사용하도록 규정하고 있다. 즉, 적극적으로 잡아내지 말고 낚시를 즐기라는 의미일 것이다. 그래서 스포츠피싱이라 한다.

낚시가게에서 바늘을 구매하려고 보면 미늘이 있는 것이 있고 아예 미늘이 없는 외바늘을 팔고 있다. 그런데 필자도 그렇지만 일부러 미늘이 있는 바늘을 구입하여 연장으로 바늘 코를 부러뜨려 규정에 맞게 사용하였다. 이것은 필자의 의도가 그러하였지만 그런 바늘을 사용하면 혹시라도 바늘 코가 덜 제거되어 연어가 물릴 때 빠져나가기 어려우리라 생각했다. 거의 한국인과 동양인(대부분 중국인)이 그렇게 했으리라 생각한다.

사촌이 땅을 사면 배가 아프다

강에서의 연어낚시는 앞에서 말한 부화장에서 방류한 다섯 종류의 연어가 뒷부분에 지느러미가 없는(불로 지져서 없애버린 것 같은) 것만 잡도록 규정하고 있다. 자연산 연어는 잡더라도 놓아주게 되어있다. 놓아줄 때에도 그냥 강물에 던지면 안 되고 부드럽게(gentle)하게 하도록 되어있다.

한번은 필자가 자연산 연어를 낚았다가 실망하여 바늘을 빼서 강물에 던졌더니 옆에 있던 캐나다인이 단속 공무원(DFO)에 신고하겠다고 항의하는 것이 아닌가? 이 나라 사람들은 워낙 신고 정신이 강하다고 익히 알고 있지만 필자는 미안하다고 하면서 자리를 떴다.

부화장에서 방류한 연어가 다섯 종류가 있지만 모양 생김새가 모두 달라 잡은 것을 집으로 가져가야 하나 놓아주어야 하나 헷갈리는 경우가 많이 있었다. 그럴 때는 동행한 한국인 낚시인에게 물어보든지 아니면 옆에 있는 현지인에게 물어보고 확인한 다음에 결정하곤 하였다.

그리고 부화장은 강의 상류에 위치해 연어 알을 인공 부화하여 치어를 강에 방류한다. 강은 큰 강도 있지만 우리가 생각하는 샛강이 더 많다. 방류된 치어는 강을 따라 바다로 가서 성어가 된 후 회기 본능에 따라 원래의 강으로 되돌아온다. 따라서 비가 와 강물이 불어나야 강을 거슬러 상류까지 도달하므로 항시 비가 많은 우기에 연어의 '런(Run)'이 많아 비를 맞고 낚시하는 경우가 대부분이어서 귀국하여 비만 오면 연어낚시가 생각나곤 한다.

필자가 연어의 종류를 말했지만, 그중에서 킹 새먼(스프링 새먼)이라 불리는 연어 종류가 있다고 했는데, 이 종은 크기가 크고 강으로 올라오는 것은 물론, 작은 것도 있지만 보통은 15파운드(7㎏) 이상 되는 것이 잡힌다.

날씨가 겨울철로 다가감에 따라 연어의 색도 변한다. 처음 9~10월경까지는 은빛 찬란한 피부색이나 11월로 갈수록 빨갛게(사카이, 코호 두 종류) 변하므로 낚시인들은 빨간 연어를 토마토(Tomato)라고 부른다. 12월로 갈

수록 검은색으로 바뀐다. 그래서 현지인들은 연어의 색이 변해가면 낚시하지 않는 경향이 있다.

연어가 송어과에 속하므로 연어의 색은 우리가 알고 있는 송어의 빨간 속살과 거의 같다. 킹 새먼은 살색이 하얀 것을 화이트 스프링이라 하고, 약간 불그스레하며 오렌지빛이 나는 것을 레드 스프링이라 부르는데 레드 스프링이 회로 먹을 때 식감이 더 좋다고 하여 화이트보다 선호하는 경향이 있다. 나머지 핑크(약간 오렌지색도 있음)나 첨은 하얀색으로 육질이 부드러워서 식용으로는 사용되지 않고 특히 첨은 동물의 사료로 많이 사용되고 우리가 일식집에서 먹는 연어 알은 첨의 알이 대부분이다.

모든 연어는 겉에 검은 반점이 있는데 시중에서 구매해 회나 구이 등 식용으로 먹는 연어도 피부에 검은 반점이 있다. 자연산 연어에도 검은 반점이 있지만 양식 연어는 더 크고 드문드문하게 있다. 연어가 흔해서 대부분 낚시해서 식용으로 먹지만 그렇지 못하는 사람들은 양식연어를 사 먹는다. 한국도 시중에서 구매하는데 주로 노르웨이산이라고 한다. 이 것의 검은 반점 또한 캐나다에서 사 먹는 양식연어와 모양과 밀도가 비슷하게 생겼다. 그래서 필자는 자연산인지 양식인지 조금 의아스러운 것이다. 연어 종류 중 핑크는 매년 회귀하지 않고 2년 주기로 회귀하는 어종이다.

초보 시절에 규정도 잘 모르고 하였는데 규정에 따르면 킹 새먼을 잡을 경우에는 물론, 부화장에서 방류한 연어만 잡을 수 있지만 낚시 면허증을 구매할 때 이 어종은 특별히 어느 강에서 잡았는지 하루에 몇 마리를 잡았는지를 별도의 양식에 기재하게 되어있다. 규칙을 어기면 이것 또한 불법이다. 그래서 킹 새먼을 낚시할 때는 항상 필기도구를 휴대하여 기록해야 한다.

그런데 규정도 알지 못하고 양식조차도 알지 못하고 대어를 낚았다는

　　　　　　　　　　　　사촌이 땅을 사면 배가 아프다

기쁨으로 등산용 가방에 넣어(사이즈가 커서 집에 가져가기 위해서는 백팩을 준비해야 함)서 그곳을 간신히 빠져나왔는데 도로에서 단속반에게 검문을 당하였다. 연어를 잡았느냐고 묻기에 의기양양하게 잡았다고 자랑했더니 기재 양식을 보자는 것이었다. 낚시 면허증만 소지하면 되는 줄 알았는데 단속반은 왜 양식에 기재하지 않았느냐고 다그쳤다. 모르고 한 거니까 한 번만 용서를 해달라고 하였으나(그곳에서는 위반하면 경찰이든 단속반이든 공무원이든 대충 넘어가지 않는다. 그래서 토론토 시장이 밴쿠버를 방문하여 무단횡단으로 단속에 걸려 벌금을 낸 사실이 보도되었다.) 벌금을 부과했다. 당시의 캐나다화로 190달러(한화 약 19만 원)의 과태료 처분을 받았다. 연어 한 마리를 잡기 위해 지나친 과태료를 냈다. 시중에서 인디언들이 상업용으로 잡은 연어 한 마리를 구입하는 가격이 12불(한화 약 12,000원) 정도이므로 너무 과한 벌금인 것이다.

다섯 종류의 연어가 생김새나 모양이 모두 다르지만 어떤 종은 거의 비슷하여 식별이 어려울 때가 있다. 그럴 때는 그림을 보고 구별하든지 아니면 같이 낚시하고 있는 옆 사람에게 물어보는 것이 빠르고 정확하다. 연어낚시는 가히 전투라고 하여도 과언이 아니다. 잘 낚을 수 있는 장소(spot)를 선점하기 위해서 자리다툼이 치열하다. 지역에 따라서는 강을 넘고 산을 넘고 해야 한다.

강폭이 넓고 물살이 센 강에서는 연어들이 보통 물의 흐름이 약한 멀리 석죽(제방) 앞으로 헤엄을 쳐서 올라가므로 낚시꾼들은 강물 속에서 멀리 석죽까지 캐스팅해야 다다를 수가 있으므로 강물 속에서 웨이더(wader)라는 방수복을 입고 강 가운데까지 가서 자리를 잡는다. 그런데 물살이 세고 바닥도 콘크리트나 모래가 아닌 자갈이나 큰 돌이 깔려 있으므로 이끼가 묻어 미끄럽고 중심을 잡기가 어려워 넘어질 수가 있다. 그런데도 연어 한 마리를 잡기 위해 이러한 위험을 감수하면서 낚시를 하는 것이다.

이렇듯 낚시를 하면서 초보 시절에 낚시도구를 다룰 줄 몰라 드렉을 조절하지 않고 릴을 낚싯대에 장착하여 빠른 물살에 캐스팅을 했는데 연어가 물었다. 연어가 힘도 세지만 강물이 언덕에서 빠르게 흐르니 바늘에 걸린 연어의 저항이 강하다. 필자는 낚싯대를 붙들어 잡고 급물살에 아래로 도망가는 연어를 놓치지 않기 위해 강하게 버텼다. 그런데 목줄이 끊어져 작용반작용의 원칙에 의해 납돌이 필자의 코밑과 입술 사이의 인중을 강타했다. 눈이 번쩍하면서 만져보니 피가 나고 있었다. 만약 눈에라도 맞았으면 실명할 수도 있었을 것이다. 연어낚시에 사용되는 추는 대부분 펜슬 추인데 펜슬처럼 기다란 납돌을 찌의 부력에 따라 알맞게 잘라서 사용하기 때문에 양 끝이 날카로워 아주 위험한 것이다.

한 가지 더 초보 시절에 지인이 낚시를 가르쳐준다고 연어낚시를 하고 있는데 필자의 낚싯대에 연어가 물린 것이다. 지인이 랜딩을 도와주려고 얕은 물속에 미끄러운 자갈밭은 달려오다 넘어져서 중지와 약지 두 개가 반대 방향으로 꺾여버린 것이다. 겁이 나서 손가락을 툭 치니 정상으로 돌아왔으나 그 후 몇 개월 동안 고생한 적이 있다. 필자가 민물낚시를 할 때 건너편 블루베리 농장 뚝에 곰과 마주친 적도 있다. 그리고 연어가 강의 상류로 올라가기 때문에 부화장 가까이 갈수록 곰의 출현 빈도가 높다. 그래서 낚시할 때는 항상 곰 퇴치용 스프레이를 소지하고 다녔다. 그래서 낚시인들은 항상 안전, 안전을 외친다.

한번은 아내와 같이 컴컴한 새벽 3시에 어둠 속을 뚫고 숲을 걸어서 현장에 도착한 적이 있다. 규정상 일출부터 일몰까지 낚시하도록 규정하고 있어 밤이나 새벽에는 금지되어있다. 한국 같이 찌에 케미라이트를 장착하여 낚시할 수 없다. 그런데도 일부 한국인들은 성급하게 케미라이트를 사용하기도 한다. 그래서 일찍 도착하여 모닥불을 피우고 날이 밝기만을 기다리는 것이다. 어떤 캐나다인은 매년 연어낚시 철이면 이러한 짓을 하고 있다고 불평 아닌 불평을 하였다.

연어에 관한 규정을 보면 강에서 연어를 잡아서 살아있는 상태로 그물망이나 양동이 등에 담아오면 불법이다. 연어를 잡은 즉시 죽여서 피를 빼고 내장을 제거하여 돌아와야 한다.

언젠가 필자가 초밥집 주인에게 싸게 팔 테니 내가 잡은 연어를 구입하여 원재료로 사용하라고 권유해 본 적이 있다. 그런데 그분은 안 된다고 하였다. 단속반에서 나와 연어의 유통과정과 매출을 비교하여 적발되면 과태료를 부과한다고 한다. 그래서 일반인이 강에서 잡은 연어를 죽여서 시중에서 유통되지 못하도록 하려는 것이다.

연어낚시는 보통 7월부터 이듬해 1월까지 성어기로 이 동안 낚시를 할수 있고 5종류의 연어 외에 12월부터 이듬해 4월까지는 스틸헤드(steel head)라는 종류의 낚시를 할 수 있다. 스틸헤드도 연어와 모양이 비슷하나 랜딩(landing: 강물 밖으로 꺼냄)하여 그 색깔을 보면 연어의 종류 중 하나인 사카이보다 더 은빛 찬란하다. 필자도 한번 스틸헤드를 낚아 랜딩하여 햇빛에 너무 반짝이고 아름다워 물고기에 입맞춤한 적이 있다.

이 스틸헤드는 개체수가 적어 연어만큼 낚이지 않지만 한번 잡으면 즐거움이 이만저만이 아니다. 강에서 낚시는 5월 금어기 한 달을 제외하고 1년 내내 알 수 있는 것이다. 그리고 겨울철 낚시는 그야말로 자연을 맘껏 느끼면서 할 수 있다. 산에는 하얀 눈이 쌓여있고 강물 위로는 눈이 날리고 흘러가는 찌를 보고 있으면 낚시가 황홀지경인 것이다.

12월로 갈수록 연어의 개체수가 줄어서 잘 잡히지 않는다. 강의 어느 곳에서나 잡히는 것이 아니고 연어가 올라오다가 쉬는 곳이 있는데 그곳이 포인트(spot)인 것이다. 개체수가 줄어들어 연어가 많지 않으므로 일부의 낚시꾼들은 폴라로이드(형광)안경을 끼고 연어를 찾기위해 물속을 들여다 보면서 낚시를 한다. 그러면 물속의 연어가 잘 보인다. 따라서 온 강을 헤매지 않고 낚시할 수 있다.

　연어낚시는 5월 한 달은 1년 동안 낚시하느라 더럽혀진 강을 청소하는 것이다. 끊어진 낚싯줄을 걷어내고 낚싯바늘과 봉돌(추, 납)을 주워내고 한 달 내내 깨끗이 청소하고 다시 시작하는 것이다. 이 나라 사람들은 법과 규칙을 잘 지키고 정말 합리적이란 생각이 들었다.

사촌이 땅을 사면 배가 아프다

12장

상속세

한국과 서양의 상속세

상속세에 관하여 대한민국과 북미를 비교하여 볼 때 북미는 상속세가 없다. 상속세가 없다고 하면 의아하게 생각할지 모르지만 사실이 그렇다.

왜 그럴까? 서양 사람들은 우리와 달리 돈을 벌어서 부(富)를 축적하였더라도 많은 돈을 사회에 환원한다. 빌 게이츠도 그렇고 다른 부자들도 그렇다. 왜 그럴까? 이것은 생각(사고)의 차이 때문이다.

즉, 타인에 대한 배려가 우리보다 강하기 때문이다. 많은 부(富)를 사회에 기부하기 때문에 상속세 계산 때 기부금 소득공제를 하고 나면 세금을 낼 게 없다는 얘기다. 그래서 상속세는 의미가 없는 것이다.

그러면 대한민국 사회는 어떨까? 우리는 상속세(율)가 높다. 왜 그럴까? 우리나라 부자들은 축적한 부를 사회에 환원하는 것을 꺼려 하고 기부문화, 타인에 대한 배려와 생각이 적어서 그렇지 못한 것이다. 즉 자손이 제사를 모시고 선산을 관리하는 등 조상에 대해서 지극정성을 하기 때문에 사회에 환원하기보다는 자손들에게 물려준다는 사고가 강하다는 것이다. 그래서 정부는 상속세라는 것을 만들어 이러한 부(富)를 강제로(?) 뺏어 사회에 환원하는 것이다.

상속세 얘기가 나와 한마디 더 하자면 대한민국 사회는 기업이나 장사하는 사람들이 2대, 3대를 잇는 백 년 기업 같은 회사가 없다고 한다. 왜 그럴까? 되짚어보면 복잡한 문제가 깔려 있다.

사촌이 땅을 사면 배가 아프다

이미 언급했듯이 북미에는 상속세가 없어 현재 하고 있는 사업을 무난히 계승, 유지할 수가 있다. 그런데 대한민국은 어떤가? 상속세 부담 때문에 회사를 팔아야 세금 문제를 해결할 수가 있는 것이다(한국도 가업 승계하는 제도로 일부 상속세를 면제해 주는 사업도 있다). 그러니 2대, 3대까지 갈 수 없는 사회구조가 돼버렸다.

그렇다면 우리도 상속세를 폐지해야 하나? 이것은 지금까지의 문화를 돌이켜봐야 한다. 단순한 문제가 아니다. 필자가 글을 쓰고 있는 상황에서 언론에서는 우리도 상속세를 폐지하고 자본이득세로 대체하자는 말이 나온다. 상속세를 없애자고 하면 우리는 금수저, 흙수저라는 말로 또 사회적인 논쟁이 일어날 것이다. 그러면 본인이 돈을 많이 벌어 죽을 때 어떻게 할 것인가? 한국의 유전자를 볼 때 자기 자신이 번 돈을 사회에 환원할까? 아니면 자식들에게 물려줄까? 자신들은 사회 환원은 생각도 하지 않으면서 금수저, 흙수저를 얘기하나? 금수저는 부정하게 노력도 하지 않고 부를 이루었나? 다른 장에서도 언급하였지만 사람은 운명론적인 것이 있다고 언급하였다(만사분이정, 부생공자망). 현실과 세상을 인정해야 한다는 것이다.

최근 국세청에서 부의 대물림을 방지하기 위해서 상속세의 실태조사를 강화한다고 한다. 상속세법이 있는한 당연히 지켜야 한다고 생각하나 부의 대물림을 방지한다는 말이 무슨 말인가? 독자 여러분들은 왜? 무엇을 위해 돈을 버는가? 죽기 전에 잘 먹고 잘살기 위해서가 아닌가? 그러면 생전에 모두 쓰고 남은 돈은 어떻게 처리하려는지. 모두 사회에 환원(기부)하고 죽나? 아니면 후손들에게 유산으로 물려주는가.

우리나라가 사회주의 체제도 아닌데 왜? 이러한 발상을 하는가. 다른 장에서 언급하였지만 그래서 외국에서 한국을 바라볼 때 대한민국이 사회주의 체제로 가고 있다고 하는 것이다. 아니면 부자들의 돈을 강제로 빼앗아서 가난한 사람들에게 나눠주나?

그러면 누가 열심히 돈을 벌기 위해 노력하나. 말인즉슨 부자가 자발적으로 사회에 환원할 수 있는 제도와 환경 및 정신을 만들어야 한다는 것이다.

대한민국은 유교문화 특히 장례문화에서 볼 수 있듯이 사후에 후손들이 제사를 모시고 묘를 관리해 주기 때문에 당연히 후손들에게 부를 물려주고 사회에 환원하기를 주저하는 것이다.

그러면 우리도 이러한 문화를 바꿔야 하나? 쉽지는 않다. 대한민국 전체를 어떻게 기독교 문화로 바꿀 수 있나? 서서히 장례문화(藏禮文化)도 화장문화(火葬文化)로 바꾸고 사회나 정치가 서로 노력해야 할 것이다. 그렇게 해서 '사촌이 땅을 사도 배가 아프지 않도록' 의식이 변화해야 할 것이다.

사촌이 땅을 사면 배가 아프다

유산에 대한 생각

유산 문제를 한번 살펴보자. 모든 인간이 부모로부터 유산을 물려받지만, 대한민국 사회에서 모두 그러한 것은 아닐지라도 아들과 며느리가 돈이 없는 부모를 존경하며 자주 본가(本家)에 갈까? 즉, 미래에 내가 받을 유산(베풂, 배려)이 있을 것으로 생각하여 기대하고 그럴 것이다. 부모가 가진 것이 없고 기대할 것이 없다고 생각하면 부모를 그렇게 존경하고 본가를 자주 찾아갈까?

서양 사회에서 돈 많은 재벌들은 어떨까? 앞서 말했지만, 이들은 가족뿐만 아니라 사회에 환원(기부의 문화)하기 때문에 이들을 존경하고 이들은 반드시 미래에 베풂의 행동을 할 것이라고 확신하기 때문에 존경받고 있는 것이다.

배려와 베풂의 문화를 독자들도 한번 생각해 보기 바란다. 그러면 내 마음이 얼마나 행복한지 내가 술 한 잔 사고 음식 대접을 하고 하는 것도 배려와 베풂의 문화인 것이다.

필자는 시골 출신이라서 가끔 마을의 어르신들을 만나는 기회가 있다. 그때마다 필자는 용돈을 드린다(많지는 않지만). 그 후로 필자의 마음은 몇 달 동안 얼마나 뿌듯하고 행복한지 독자들도 하지 않는 사람들은 한번 해 보기를 바란다. 베풀고 배려하는 것이 얼마나 좋고 행복한지를….

13장

금전 문제

한국인의 동업 관계

필자도 젊었을 때 직장생활(회사)을 한 때가 있었다. 그때 직원들이 술자리나 회식자리에서 상사는 물론, 사장까지 험담하고 항상 그랬던 상황이었다. 물론, 지금도 마찬가지일 거다.

그런 상황을 보면서 필자는 직원들에게 "그 위치에 가 있는 사람들은 무엇인가 여러분과 다른 면이 있는 것이다. 왜 여러분들이 높은 위치에 있는 사람 같이 되려는 노력도 없이 끌어내리려 하는가? 그러면 여러분들에게 사장의 임무를 맡긴다면 지금 당장 할 수 있겠는가?"라며 질문하곤 했는데, 내가 열심히 노력하여 높은 지위에 가려고 하지 않고 상사에 대해서 시기와 질투를 하여 인정하려 하지 않는다.

이러한 사고도 제목의 건과 같이 '사촌이 땅을 사면 배가 아프다.'라는 사고와 일맥상통(一脈相通)하다고 볼 수 있는 것이다. 내가 노력하지 않고 배려하지 않는 생각에서 나온 발상이다.

우리나라(대한민국) 사람들은 남을 잘 인정하지 않는다는 것이다. 그래서 한국인끼리 동업 관계는 거의(99%) 마지막에 깨지는 경우가 많다. 필자는 그런 상황을 많이 보고 경험했다. 필자의 이모부도 동업자가 자금을 횡령하여 타국으로 도망쳐서 화병으로 술을 많이 마셔 결국은 췌장암으로 타계하셨다.

반면에 캐나다와 미국인 심지어 중국인까지도 같이 동업하여 성공을 이루고 서로 잘해 나간다. 유독 우리나라 사람만 동업을 성공하지 못하는 거 같다.

이 또한 제목의 말을 되씹어 보지 않을 수 없다. 우리 사회에 만연되어 있는 내로남불, 시기, 질투 등의 문제점이 제목와 관련되어있다고 볼 수 있다.

친구 관계

여기에서 친구 관계를 살펴볼까? 논어(論語)의 첫째 편인 학이편(學而篇)에 '유붕자원방래, 불역락호(有朋自遠方來, 不亦樂乎)'라는 말이 있는데, 그 뜻은 '친한 벗이 먼 곳으로부터 찾아오니, 이 또한 즐겁지 아니한가?'하는 말이다.

왜 친구가 좋고, 만나면 기쁜가? 친구라는 것은 어릴 때의 추억이 있고 무엇을 내주어도 아깝지 않고 기쁜 것이다. 친구에게 밥을 사주고, 술을 사주고, 내가 가진 것을 조금 내줄지라도 괜찮은 것이다.

물론, 큰 금액의 금전관계는 아닐지라도, 필자도 친구가 좋아 사기를 당한 적도 있지만, 그것도 친구라는 말 자체가 너무 좋아서 그러했다. 왜 그럴까? 친구에게는 모두가 무한정 베풀고 잘못이 있어도 이해하고 용서해주는 것이다. 친구에게 이해관계와 사랑이 없다면, 친구 관계가 유지될 수가 있을까? 우리 사회가 모두 친구관계라면 어떨까?

시기나 질투하지도 않고 내어주어도 아깝지 않고 친구가 땅을 사면 물론, 배 아픈 사람도 있겠지만 그만큼 배려와 사랑이 넘치기 때문에 언제 어느 때나 어떠한 상황에서도 친구는 좋은 것이다.

다른 단락에서도 '돈'에 관한 얘기를 하였지만, 친구관계에서도 큰 금액의 금전(돈)이 관련되면 상황이 달라진다.

돈 문제가 과연 다른 사람에서만 발생할까? 아니다 돈이라는 것이 없으

사촌이 땅을 사면 배가 아프다

면 불편해지고 있으면 편리하기 때문에 이것은 정말 요물이다. 다른 사람과 또는 가족 간에서도 발생한다.

필자도 유산과 부모의 부양 문제 때문에 형제들과 지금 불편한 관계에 있는데, 이 과정에서 돈이라는 것이 개입되면 아무리 부모형제지간이라도 불협화음이 생기고 형제간의 상속 문제가 돈이 많은 재벌들의 가족에서만 발생하는 것이 아니고, 가난하든지 부자든지 간에 돈이 결부되면 풀기 어려운 문제가 발생하는 것이다.

이제 환갑이 넘어가고 칠순을 향해 가고 있는데 향후 죽음의 세계를 생각해 본 적이 있다. 아직은 이런 생각을 하기에는 요즘의 인생이 60부터라고 말하지만, 과연 내가 죽어서 가지고 갈 것이 무엇인가 하고 생각해 보았다. 내가 먹고 마시며 숨 쉬는 것 말고 죽어서 가지고 갈 것은 하나도 없다는 것이다. 물질이고 정신이고 간에 사후에 세계가 있는지 알 수는 없지만, 아무튼 죽어서 가지고 갈 수 있는 것은 아무것도 없다는 것이다. 그래서 마음을 내려놓아야겠다는 생각이다.

사기당한 경험

필자가 돈 때문에 사기를 당했다고 다른 단락에서 얘기하였는데 이와 관련된 사건을 말해볼까 한다. 이민 가기 전 2000년도 초에 친구의 소개로 사업하는 사람에게 돈을 빌려준 적이 있었다. 지금 생각하면 주변 사람들은 권유하지 않았는데, 수익률 20% 정도를 보장한다고 하니 회사 퇴직 후 별 소득이 없어 마음이 혹한 것이다. 처음에 7천만 원 정도를 대여해서 원금과 수익을 합하여 회수하였다.

그런데 두 번째 투자금을 9천만 원으로 올려달라고 해서 잘 되겠거니 하고 즉시 돈을 빌려주었다. 그런데 두 번째 투자금이 안 들어오는 것이다. 채무자(친구의 친구)는 차일피일 미루는 것이었다. 며칠 아니 몇 달 그렇게 지루한 공방이 지나가고 결국 필자는 돈 회수를 위해 부산에 내려갔다. 거기에서 친구와 채무자를 만나 실랑이를 벌이다 폭행 사건이 일어난 것이다.

필자는 어떻게 해서라도 돈을 받아내야겠다는 생각으로 채무자가 주먹을 휘두르면 당하고 맞고 나중에 폭행죄로 고소할 마음으로 채무자가 필자에 대해 폭력을 가하는데도 그냥 맞았다. 결국은 경찰서에 가게 되었는데 그곳 경찰관이 처음에는 쌍방에게 화해를 종용하는 것이었다. 그런데 필자는 상대방에게 맞은 것도 있고 빌려준 돈도 있고 해서 화해하지 않고 채무자를 폭행죄로 처벌해달라고 요구했다.

사촌이 땅을 사면 배가 아프다

그래서 새벽 2시경에 병원에 가서 전치 2주의 진단서를 발급받아 제출하였다. 그런데 채무자가 본인도 맞았다고 똑같이 전치 2주의 진단서를 발급받아 제출한 것이었다. 아니 세상천지에 필자는 폭행당하고 분명 가해자가 때렸는데도 똑같이 전치 2주의 진단서라니…. 뭔가 잘못된 것을 직감한 것이었다. 경찰관에게 항의했더니 하지 말라고 막는 행위도 폭행죄에 해당하니 쌍방폭행이라는 것이었다. 정말로 허탈한 심정이었고 법이 이럴 수가 있는가 하고 낙담한 것이었다.

필자는 양비론을 싫어한다고 다른 장에서 말한 바 있다. 필자는 두들겨 맞고 가해자는 때리고, 때리지 말라는 방어적 차원이었는데 이럴 수가 있는가 하고 생각했다. 더군다나 조서를 작성하는 중에 상대편 가해자가 전과 3범이라는 사실을 알았다. 필자는 평생 살면서 폭행 관련된 사안에 연루된 적이 한 번도 없는데 가해자가 전과 3범이라니….

나중에 알게 된 사실이지만 가해자가 전과 3범의 전력이 있으면 무조건 경찰관은 가해자가 불리하게 조서를 작성해야 한다는 것이었다. 그런데 그곳 경찰관은 계속 화해만 요구하는 것이었다. 경찰관은 계속해서 필자에게 지금까지 전력이 깨끗한데 왜 인생에 나쁜 결과(빨간 줄)를 남기느냐고 계속 종용하는 것이었다. 하는 수 없이 화해조서를 꾸미고 빌려준 돈도 못 받고 경찰서에서 방면되었던 것이었다.

독자분들께서도 이 과정이 투명하고 결과가 정의롭고 공정하다고 생각는가? 당시 필자는 '묻지 마 폭행'이라도 하고 싶은 심정이었다. 왜 의사는 똑같이 전치 2주의 진단서를 발급해 주고 경찰관은 화해를 요구하나? 필자가 호남인이어서일까? 세상이 정말 억울한 것이었다.

일전에 필자가 택시기사분께서 제발 법대로 사는 세상을 한번 보았으면 한다고 말했다. 아무리 법이란 게 '유전무죄, 무전유죄(有錢無罪, 無錢有罪)', '이현령비현령(耳懸鈴鼻懸鈴)'이라지만, 이건 너무한 것이 아닌가 하는 것이었다. 이런 세상을 경험했는데 요즘 묻지 마 폭행이 근본 원인을 파악하지 않고 실정법에 의해 처벌만 한다면, 이런 현상이 없어질까? 아니다. 근래에 이런 일이 있었다면 최근 유명 가수의 '테스 형'이라도 목청껏 불러보았을 것이다.

사촌이 땅을 사면 배가 아프다

국회의원과 대통령 선거

국회의원 말이 나왔으니 다른 장에서도 말했지만, 국회의원에 출마하시는 분들이 국가와 국민을 위해서 봉사한다는 생각으로 아니면 호사유피(虎死留皮), 인사유명(人死留名)의 생각을 가지고 선거에 나왔을까?

최근에 국회의원선거 한번 치르는데 약 30억 정도의 자금이 소요된다고 한다. 그런데 내 호주머니에서 이런 큰돈을 투자(?)했는데 어떤 생각이 들까? '인생난사는 금전사'라고 다른 장에서 말했지만, 독자 여러분이라면 본전 생각이 안 들까?

대통령선거는 몇백 억 아니 몇천 억이 소요된다고 한다. 그런데 대통령 선거자금은 정부에서 당에서 또는 국민들의 개인 후원금으로 자금이 나오니 내 호주머니에서 돈이 나온다고 생각하지 않는다는 생각과 차이가 있을 것이다.

그러하니, 국회의원 4년 동안 내가 선거할 때 투자한 돈을 어떻게든 보상받으려고 하는 것이 아닌가 한다. 물론, 모든 국회의원이 그렇지는 않지만, 한국인의 '유전자(DNA)'와 사고방식으로는 어쩔 수가 없는 것이다. 일부 국회의원들은 비례대표제를 통해 전문 분야의 경험자를 국회의원으로 선발하기도 하지만 이 제도는 좋은 것이다.

혹시 국회의원에 당선된 분들이 비리가 있거나 일을 잘하지 못할 경우 다시 국민이 의원직 박탈을 하자는 '국민소환제'를 추진하자고 하는데 이것 또한 좋은 방안이다. 그런데 누가 반대하고 있는지?

사촌이 땅을 사면 배가 아프다

14장

대통령 얘기

전직 대통령들의 사고

그러면 전직 대통령들의 예를 들어 보자. 대통령이 되면 퇴임 후 국가는 경호, 경비, 사저 등을 제공하고 평생 편안한 생활을 할 수 있도록 해준다. 더 이상 욕심을 낼 필요가 없는 것이다.

그런데 어떠한가? 몇천 억 몇백 억씩 착복하고 나만 잘살면 내 가족만 잘되면 된다는 사고방식인 것이다. 남을 생각하지 않는 생각이다. 호사유피(虎死留皮), 인사유명(人死留名)이라는 말도 있는데 왜 이렇게 욕심을 부려 화를 자초하는가? 그렇게 돈을 벌고 싶으면 장사나 사업을 할 일이지 국가와 민족을 위한다는 미명 아래 자기 자신만을 생각한 것이다. 내가 아니더라도 내 주변 인물들이 그러한 것도 마찬가지다.

돈 얘기가 나오니 대기업들의 뇌물 문제를 한번 얘기할까? 기업들이 자발적으로 돈을 기부하는 경우도 있을 것이다. 기업이 사회적 책임이 있다고 볼 수 있으니 말이다. 최근 정권이 촛불혁명을 통해 탄생하고 촛불혁명의 상대는 벌을 받아 교도소에 갔다. 대한민국 사회는 정경유착이란 말도 나오고 경제인들은 정치권의 눈치를 볼 수밖에 없는 사실이다. 정권에 잘 보이면 기업이 성장하고 일약 재벌이 되는 경우가 있었으니까. 권력을 가진 자가 기업인들에게 돈을 내라고 하면 거부할 기업인이 얼마나 있을까? 지금까지 정권이 바뀔 때마다 기업들이 흥망성쇠를 되풀이해왔다.

전임 대통령들의 근대역사를 한번 살펴볼까? 박정희 전 대통령은 사회

사촌이 땅을 사면 배가 아프다

정의와 부패를 척결한다는 명분으로 '동명목재'를 파산시키고 많은 사람을 교도소에 보냈다. 물론, 이유가 있었겠지만, 전두환 전 대통령은 '벽산그룹'을 무너뜨리고, 많은 사람이 '삼청교육대'에 보내졌다. 김영삼 전 대통령은 '한보그룹'을 무너뜨렸다. 그 후 김대중 대통령도 '대우그룹'을 무너뜨렸다. 이 얼마나 경제적으로 사회적으로 낭비를 초래했는가? 졸지에 실직하고 교도소에 가고 후임 대통령들은 소신 없이 국민에게 보여주기식으로 창의적이지도 않게 따라하고 있다. 국민이 모두 환영하고 손뼉을 쳤을까?

북미는 조금 다르겠지만 한국인의 사고방식으로 내 호주머니의 돈을 뺏어간다면 누가 좋아하겠는가 하는 말이다. 그렇게 해놓고 잘못했다고 교도소에 보내면 누가 납득하겠느냐는 말이다. 그래서 정치권에서 사면 얘기가 나와 설문조사를 하면 정치인보다는 경제인을 사면하자는 비율이 더 높지 않은가 하는 것이다. 이것은 국민이 현상을 제대로 보고 있다는 방증이다. 실로 '떡 주고 뺨 맞는다.'라는 게 아닌가 하는 것이다.

대통령선거 유세 시 모든 후보자가 상생, 공정, 정의를 외친다. 그런데 결과를 보면 그렇지 않다. 제발 '사촌이 땅을 사면 배가 아프다.'라는 식이 아닌 남을 배려하는 생각을 가져보기를 바란다.

그러면 정치권에서만 그럴까? 필자가 글을 쓰고 있는 시간에도 TV 뉴스에서 노총이 10억을 횡령한 보도가 나온다. 필자도 월급 생활할 때 아무리 절약해도 1년에 500만 원을 모으기가 힘들었다. 그런데 10억이라니 비단 이 단체뿐인가? 정치면 정치, 경제면 경제, 사회면 사회, 민간단체까지 모든 곳이 이런 현상이지 않은가.

어느 회사의 직원은 몇백억을 횡령하여 회사를 부도상태로 몰고 가고, 어떻게 이런 사고나 의식을 가지고 부정을 저지르느냐 하는 것이다. 본인이 노력하지 않고 남의 것을 탐하는 그러한 의식이 아닌가? 그 근본적인 의식의 밑바탕에는 어떤 사고가 자리 잡고 있는가 하는 말이다.

인터넷 뉴스를 보니 지난 6년간 횡령 금액이 1,704억 원이라는 보도를 보았다. 가히 천문학적인 금액이다. 필자도 직장생활을 해보았지만, 제발 내 통장 잔금이 1억 원만 있었으면 하는 소원이었다. 그런데 아무리 절약하면서 일해도 지금까지 통장에 현금 1억 원을 모을 수가 없었다.

글을 쓰고 있는 시점에 'P'회사가 경영상황이 좋지 않아 갑자기 전 직원에게 정리해고 통지를 했다고 한다. 직원 입장에서는 열심히 일만 하였는데 이 무슨 날벼락이란 말인가? 원인은 경영진이 회사를 잘못 운영하여 어려우니 그런다고 하고 그런데 사장은 이런 사태를 이미 알았는지 퇴직금으로 30억 원을 챙겼다고 하는데 필자의 젊은 시절에는 이런 상황이 거의 없었다. 기업의 사회적 책임이 있고 만약 배가 난파하면 선장이 죽음을 무릅쓰고 끝까지 조타수를 잡고 같이 침몰하고 고대의 전쟁터에서도 장수가 먼저 적진에 진출하여 진두지휘하면서 같이 전사했는데 작금의 사태는 나만 살면 된다는 사고가 아닌가 하는 말이다.

세월호 침몰 때도 선장은 수백 명 학생의 생명은 생각하지 않고 나만 살겠다고 배에서 먼저 내려 탈출하고 도저히 남을 배려하지 않는 생각이다. 왜 이런 상황들이 발생될까?

필자의 학창 시절의 추억이 또 하나가 있다. 당시 고모님께서 계모임을 하셨다. 어린 생각에도 돈이 있으면 금융권에 저축해야지 왜 계모임을 하는가, 하였다. 아나나 다를까 사고가 터진 것이다. 계주가 곗돈을 가지고 사라진 것이다. 전체 금액이 30억 정도라고 하였다. 그 후에 몇 번 더 이러한 상황이 뉴스에 보도되곤 하였다. 그 당시에 지금은 변호사인 사촌 형이 판사로 재직하고 있었으나 어떠한 조치도 할 수가 없었고 곗돈 역시 그대로 떼이고 말았다.

나중에 들은 이야기는 이렇게 먹튀를 하고 감옥에 가더라도 10년 정도 살고 나오면 그 돈이 그냥 남는다는 것이다. 혹시라도 지금도 그런 생각

사촌이 땅을 사면 배가 아프다

을 가지고 횡령을 하는 것은 아닌지, 이것은 횡령금액을 끝까지 추적하여 환수하고 더하여 벌금도 과하게 부과해서 혹여라도 감옥에서 형을 살고 출소하더라도 횡령인의 손에 아무것도 남지 않도록 해야 한다는 것이다.

돌이켜보건대 이러한 상황도 학습효과라고 할 수 있는 것이다. 옛말에 윗물이 맑아야 아랫물도 맑다고 하였는데 과거 전직 대통령이 몇백 억도 아니고 이천 억이란 일반인이 생각할 때 천문학적인 금액을 횡령하여 재판을 받아 횡령금액을 일부 환수하고 대부분은 남아있는 것으로 알고 있다. 본인은 30여만 원 정도가 재산의 전부라고 하였는데 그 많은 돈이 어디로 갔다는 말인가.

필자가 밴쿠버에 거주할 때 그곳에 'H'라는 한인이 운영하는 마트가 생겼는데 미국에서 시작하여 몇 개의 매장이 세워졌다. 들리는 소문에 의하면 그 자금이 전두환 전 대통령으로부터 나왔다고 한다. 일반인이 이런 정보를 알게 되었는데 한국의 국정원이나 검찰은 모를까? 알면서도 모르는 척하나? 이러하니 일반인들도 '같은 방법으로 상황을 만들면 되지 않나.' 하고 생각할 수 있다는 것이다. 실로 학습효과일 수 있다.

다른 단락에서도 이미 말했지만, 필자가 이민하기 전에는 '부정부패·비리하면 대부분 공무원 사회'였다. 그런데 지금은 모든 민간사회조직에서도 그러한 현상이 왜 아직도 발생하는가?

독자들께서는 필자가 대한민국 사회를 비판하는데 '서양은 그런 상황이 없는가?'하고 반문할 수 있을 것이다. 서구 사회라고 그러한 상황이 없는 것은 아니다. 필자도 영업하면서 뇌물(?)을 제공한 적이 있다. 그런데 그것은 감사하는 마음의 차원에서 용돈 정도 규모다.

미국은 로비 제도가 합법적이라고 알고 있다. 합리적이라는 얘기는 과정과 결과가 투명하다는 것이다. 부정과 비리가 대한민국과 비교했을 때 발생 빈도와 횟수에 차이가 있을 뿐이다.

그러면, 그렇지 않은 삶을 살았던 사람이 누구인가 모든 세계인이 존경하고 흠모하고 있는 예수나 석가모니 같은 성인들이다. 이들은 왜 성인 반열에 올랐는가? 남을 배려하고 약자를 가슴에 끌어안는 삶을 살았기 때문이다. 독자들도 한번은 경험했을지도 모른다.

사촌이 땅을 사면 배가 아프다

대한민국의 대통령 선거

　다른 얘기로 대한민국의 대통령 선거가 여러 번 있었지만 필자는 하나
마나한 선거라고 본다.

　인구수를 보면 승패를 알 수 있는 것이다. 영남이 600만, 호남이 400만
의 유권자이다. 어떤 방식으로 호남 쪽이 이기겠는가? 앞에서 말한 바와
같이 저기는 황색바람으로 선거 때 몰표를 던진다고 얘기한다. 그러면 다
른 쪽은 안 그런가? 90% 이상이면 몰표이고 70%이면 몰표가 아니란 말
인가 도긴개긴이다. 그러면 영남 쪽은 90%가 아니고 왜 70% 인지 독자
분들은 알고 있는가? 필자는 생각하고 있지만 지역감정을 부추기는 것 같
아 자세한 얘기는 할 수 없다. 지금까지 내용을 돌이켜보면 순수 영남 쪽
도 내면을 보면 90% 이상으로 생각된다. 현재 여당에 70%의 표를 주는
사람의 심정은 어떠할까? 내 쪽이 한번 정권을 잡았으니 반대편도 한번
해보라고 표를 던질까? 아니다. 해방 이후 영남 출신의 대통령이 다수가
배출되면서 그쪽 지역 사람들이 부와 권력을 유지해 왔다. 권력은 부모와
자식 간에도 나누어 가질 수가 없다고 하였는데 그러면 부와 권력에 단맛
을 본 사람들이 지지해 주겠는가. 다른 장에서 언급하였지만, 현재의 대
한민국의 상황에서 지역감정의 세 가지 문제점의 해결과 배려의 정신이
없으면 대통령선거에 득표율도 고착화되어 있고 향후도 마찬가지일 거라
고 생각한다.

그러면 호남에 기반을 둔 당은 어떻게 대통령을 배출했는가? 김대중 전 대통령 때는 김종필 전 국무총리인 충청인과 손잡고, 다음 정권은 호남에 터를 잡고 있는 민주당이지만 영남 출신 후보로 호남의 표를 등에 업고 당선된 것이다. 노무현 전 대통령도 그랬고 문재인 전 대통령도 그랬다.

그러면 호남 출신이 대통령 후보가 되면 어떻겠는가? 이것은 필자가 판단하건대 백전백패(百戰百敗)일 것이다.

앞서 얘기한 강자의 여유와 보살핌. '사촌이 땅을 사면 배가 아프다.'라는 나만 생각하고 배려하지 않는다면 대통령선거는 하나마나인 것이다. 이러한 상황을 피해의식이라고 생각하면 안 되는 것이다. 현실이 그런데 자꾸 피해의식 때문이라고 하면 상대방의 가슴에 대못을 박는 상황이다. 아량을 베풀어야 하는 것이다.

사실이 그러한데 어떻게 하란 말인가? 이러한 선거상황이 바뀌려면 통일이 되어 영토가 넓어지고 인구수가 많아지면 가능할지도 모른다.

물론, 북미도 자기 지역 출신의 후보가 다른 지역 후보보다 표가 더 많은 것은 사실이다. 그러나 인구가 많고 영토가 넓으니 그러한 몰표 현상이 희석된다.

400만 표가 절대로 600만 표를 이길 수가 없다. 최근에 겨우 20만 표 차 정도로 당선이 갈렸는데 말이다.

국정농단 같은 아주 큰 정치적인 사건이 일어나지 않는 한 표 대결은 무리고 고착화되어 있다. 근대정치가들이 그렇게 상황을 만들고 그런 상황으로 몰고 가는 것이다.

그러면 우리가 보수와 진보를 한번 살펴보자. 보수가 무엇이고 진보가 무엇인지 방송에 나오는 패널들 또는 일반인이 한 번이라도 국어사전에서 관심 있게 찾아보았느냐 하는 말이다. 저쪽은 보수 이쪽은 진보라고 양분되어 이러한 사전적 의미조차도 퇴색시키고 있다.

저쪽은 왜 보수인가? 그쪽 사람들은 개선, 민주의 의지나 생각이 없는 것인가? 이쪽은 과거를 무시하고 좋은 것을 계승·발전한다는 생각과 사고는 있는가. 시위를 하고 북한을 좋게 보면 모두 진보이고, 그렇지 않으면 모두 보수인가? 제3공화국 시절을 거쳐 야당 당수 대통령 후보 시절에는 그나마 보수·진보라고 할 만하다.

또한 방송에서 '보수의 성지 대구'라는 자막이 보인다. 대구가 왜 보수의 성지인가? 보수의 텃밭이라는 자막도 나온다. 대구는 광주에 대응되는 영남은 호남에 대응되는 생각으로 표현한 것 같은데 대한민국의 지역 중에 다른 곳은 보수가 아니라는 말인가? 인구수로 보면 서울이나 수도권에서 거주하는 사람이 절대다수인데 이곳에 사는 사람들은 보수적인 성향이 아닌가? 보수라는 의미가 옛것을 보존하고 발전시킨다는 의미일진대 타지역 사람들은 보수적인 생각을 하지 않고 있나요? 왜 콕 집어서 대구를 보수의 텃밭이라고 하는지. 그러면 제3 공화국 이후 대구를 중심으로 한 영남 출신의 대통령이 다수가 집권하여 민주에 반대되는 보수정치를 했다는 것인가?

서울지역에 투표 결과를 돌이켜 볼까? 방송에서 국민의힘(여당)을 보수라 칭하며 강남지역에서 표가 많이 나오고 강북지역에서는 더불어민주당(야당)의 표가 많이 나왔다고 논평하는 것을 보았다. 왜 강남이 보수진영의 표가 많이 나오고 강북이 진보진영의 표가 많은지 한번 생각해 보았는가?

필자가 여러 상황을 언급하였지만 강남지역은 지금까지 인사와 부(富)를 독점해온 영남지역의 출신들이 많이 거주하고 그렇지 못한 기타 지역의 사람들이 강북지역에 많이 거주하고 있다는 사실이다. 큰 사건이 있지 않는 한 선거에서 표 대결은 고착화되어 있다는 것이다. 지금이라도 선거를 또 해볼까? 선거는 하나마나고 지도를 보면 결과를 예측할 수 있다.

다른 장에서도 언급하였지만 권력과 부의 단맛을 본 사람들이 다른 사람에게 내놓을 수가 없다는 것이다.

10월 29일자 조선일보 논고에서 오진영 작가님이 언급한 '지구의 종말이 와도 한 정당만 지지한다니' 의 제목에서 진영 신념이 위협받는다며 의혹 불거져도 무조건 지지하는 경제성장 단물 누린 586들이 미래 세대를 위해 이젠 내려놓기를 바란다고 했다. 이것은 무엇을 의미할까? 필자도 언급했지만 정확히 표현하면 586세대 전부가 아니고 해방 이후 대부분의 정권을 유지해온 자들의 지역 출신이라는 것이다. 지금까지 혜택과 단물을 보았으니 앞으로도 그럴 것이고 죽어도 정권을 놓지 않겠다는 생각이고 그래서 양 진영의 몰표 현상이 나오고 이러한 현상은 작가님이 표현하신 정치가 아니고 신앙적이라는 것이다. 이렇게 보수·민주라는 말까지 이념적으로도 지역을 분열시키고 있느냐 하는 것이다. 그러면 민주의 성지는 어디란 말인가? 5·18 때문에 광주라는 것을 염두에 두고 하는 것인지. 그러면 5·18에 관련된 지역이 민주화라는 의미에서 얼마나 좋은 사건이고 장소인가. 의식은 이렇게 하면서 진정으로 5.18과 광주를 흠모하고 있는가 하는 말이다.

그러나 지금 국제화시대에 이런 이념논쟁으로 언제까지 사회를 끌고 갈 것인가? 제발 제대로 알고 현실을 파악하자는 말이다.

사촌이 땅을 사면 배가 아프다

민족의 구심점

필자가 또 한 가지 느낀 점은 캐나다는 아직도 영국연방국가(영국여왕 지배)다. 이런 제도가 꼭 우리보다 좋다는 얘기는 아니지만, 우리도 이런 뿌리를 존경하고 구심점으로 생각하고 민족을 하나로 묶을 방법들은 없을까 하고 고민해 봤는데, 이것 또한 '사촌이 땅을 사면 배가 아프다.'라는 말과 귀결될 수 있다.

최근 영국 및 영연방의 정신적인 지주였던 영국 여왕이 서거하였다. 전 세계가 추도하고 일본은 아직 천황을 정신적 지주로 생각하고 있다. 태국도 왕실이 있고 근대국가가 왕권이나 전제국가가 아닌 민주주의 국가지만 이들은 지난 왕을 정신적 지주로 생각하고 민족의 구심점을 형성하고 있는 것이다. 우리는 누가 정신적 지주인가? 조선왕조 후예인가? 아니면 이순신 장군, 유관순 열사 또는 태극기인가? 해방 이후의 정권에서 이것을 용납하지 않은 것이다. 즉, 내가 최고이고 남을 정신적 지주로 생각하지 않았다는 것이다. 역사적으로 훌륭한 사람은 있어도 한국인에게는 정신적 지주가 없는 것이다. 필자에게 정신적 지주가 무엇이냐고 묻는다면 답변하기가 어렵다. 신앙의 차이는 있겠지만 필자와 같이 무종교인 사람은 작고하신 아버지라고 해야 할지 아니면 조상님이라고 해야 할지 어려운 질문인 것이다. 일본은 신사참배를 하고 아직도 천황이 있지만 우리는 그러면 조선 왕조의 왕을 모시는 종묘가 존재하지만 이것을 정신적 지주로 하자고 하면 사회적인 논쟁이 들끓을 것이다. 영국으로부터 독립한 영연방 국가인 캐나다도 아직까지 영국 여왕을 기리고 상징적이지만 여왕이 임명하는 총독이라는 지위가 있고, 우표 속에도 영국 여왕이 자주 등장한다. 그런 측면에서 우리가 만약 정신적 지주가 있다면 작은 국토에서 나라가 분열될 것 같은 지역감정이 생겼을까 한다.

우리는 영국 왕실이나 일본과는 달리 민족 전체의 구심점이 없는 것 같이 보이는 것이다. 즉, 나 이외에 타인은 인정하지 않는다는 것이다.

그러면, 지금 대한민국 사회는 어떨까? 정치, 경제, 사회의 모든 곳에 이러한 생각(사고)이 뿌리 깊게 박혀있어 헤어나지 못하고 있다고 생각한다.

거슬러 올라가 임진왜란 때도 마찬가지다. 선조 대왕에게 신하들이 일본에 다녀와서 일부는 '일본이 조선을 침략한다.'하고, 일부는 '침략하지 않을 것이다.'라고 보고해 왕이 판단을 잘못해서 임진왜란이 일어났는데, 이것 또한 양측 신하들의 남이 잘하는 것(왕에게 진실을 보고하는 것)을 볼 수 없다는 사고가 뿌리 깊게 박혀있다는 사실이다.

그러면, 과거에 이러했었는데 현재(근대)는 아닐까? 현재의 대한민국정치도 마찬가지다. 거대양당(다당제라고 할 수 있지만)이 서로 내로남불 정치를 하고 있는데, 이것 또한 '사촌이 땅을 사면 배가 아프다.'라는 사고에 기인한다고 볼 수 있다.

남이 하는 것을 시기, 질투하고 배려하지 않는 사고를 가지고 있다고 볼 수 있다. 내가 하는 것은 옳고 남이 하는 것은 나쁘고, 남을 배려하는 정신이 하나도 없는 것이다. 이런 사고에서 어떻게 협치가 이루어지겠는가?

사촌이 땅을 사면 배가 아프다

부동산 문제

이왕에 사회·경제문제를 언급했으니 대한민국의 부동산 문제를 한번 보자. 필자도 젊었을 때 그때 받은 월급으로는 평생 모아도 집을 사기가 어려웠다. 그래서 어떻게 해서라도 맞벌이할 수 있는 안정적인 배우자를 만날 것을 기대했는데 그러하질 못했다. 그때나 지금이나 내 집을 마련하기는 어려웠다. 그래도 그때는 사랑하기만 하면 부족하더라도 부부가 함께 열심히 일하면 무슨 수가 있겠지 생각했다. 그러나 현실은 그렇지 못했다.

필자도 결혼 후 해외근무하고 14년 가까이 캐나다에 이민하여 다시 돌아온 후에 겨우 집을 마련한 것이다. 지금은 상황이 다르겠지만 결혼 시 모든 것을 갖추고 결혼하려 하고 그렇지 않으면 당사자뿐만 아니라 양쪽 부모까지도 집이 없으면 결혼을 반대하는 것 같다. 나만 집이 없는 것 같고 내 자식을 어떻게 키웠는데 그렇게는 결혼을 시킬 수가 없다는 입장인 것이다.

그리하여 어느 정부나 주택문제를 심각하게 생각하고 있는 것이다.

그런데 지난 정권 때 3기신도시 L.H사태가 터졌다. 어떻게 사태를 극복하는지 지켜보았다. 투기꾼들을 조사하고 정보를 이용한 사람에겐 벌금을 부과하고 구속시키고 해서 조금 잠잠해졌지만, 당시 대선에 큰 영향을 미쳤다고 볼 수 있다.

필자가 이 상황을 해결할 수 있는 것은 정치가나 경제가도 아니지만 신도시 지정을 철회하는 것이다. 즉, 없었던 것으로 하고 다른 곳에 지정하면 깨끗하게 해결될 사안인 것이다.

그러면 조사할 필요도 없고 벌금을 부과할 필요도 없고 구속할 필요도 없는 것이다. 그런데 왜 이렇게 하지 못했을까? 필부인 필자가 그렇게 생각하는데 결정하는 고위층들이 거기에 발을 담그고 있어서일 것이라는 나름대로의 추측뿐이다. 왜 이렇게 필부인 일반인이 그렇게 추측하게 사회를 만드느냐 하는 것이다.

그런데 부동산 문제는 고등학생 수준이면 알 수 있는 수요와 공급의 경제원리가 적용되어야 한다고 생각한다. 경매를 생각해 보자. 물건은 하나인데 가지려는 사람이 두 사람 이상이면 반드시 경매가격이 올라갈 수밖에 없을 것이다. 이것은 경제학자가 아니어도 생활 속에서 생각해낼 수 있는 방책이다.

아무리 세금을 올리고 규제를 한다고 해도 공급이 부족하면 부동산 가격은 오르기 마련이다. 고등학교 수준인 사람도 알 수 있는 것인데 머리 좋고 똑똑한 정치인이나 공무원은 왜 생각을 못 하는지 알고도 안 하는지 참 모를 일이다.

자유민주주의 체제하에서 경제논리는 시장경제원칙에 따라야 한다는 것이다. 부동산 문제, 해외 노동자 임금 문제, 군인 월급(봉급) 인상 문제, 택시요금 인상 문제 등 지금 우리나라에서 발생하는 모든 문제를 시장경제원리에 적용하지 않으면 지금도, 향후에도 부작용이 생길 수밖에 없다는 것이다. 기업들은 시장경제원리에 따라 제품이나 상품 가격을 조절하는데 국가정책은 왜 그렇지 못하는가.

위정자들은 자주 국민을 들먹인다. 국민을 위해서 국민들의 생각이 그러니까 하고 말이다. 그런데 그 사람들이 국민들 머릿속을 들여다보았는

사촌이 땅을 사면 배가 아프다

가? 국민이 현재 어떤 생각을 하고 있는지 하나라도 물어보았는가? 그렇게 위정자들이 아무리 '국민팔이'를 해도 똑똑하고 현명한 국민은 그 말이 정상이라고 생각하지 않는다. 그 결과 선거 때 국민의 표심으로 나타나는 것이다.

작금에 정권이 교체되어 여론조사에서 지지율이 20%대라고 하는데 당사자는 국민만 바라보고 국민만 생각하면서 일하겠다고 한다. 지지율이 20%인데 본인이 생각하는 국민 생각은 어떠할까? 여론조사가 국민 전체 의사를 물을 수 없어 표본조사로 나타난 결과인데 언제까지 국민만을 생각하고 일한다고 할 것인가? 실로 사오정 같은 생각과 유체이탈식 생각이 아닌가? 당사자는 중, 고등학교 때 국어 공부를 못했나? 왜 여론조사의 결과가 국민 전체가 그렇게 생각한다고 인식하지 않을까? 반대로 여론조사에서 지지율이 80% 정도 나오면 이것은 일을 잘못하고 있다고 생각할까? 제발 현실을 직시하여 더 이상 국민팔이를 하지 않았으면 하는 생각이다. 그러면 현재 시점에서 대통령선거를 다시 해 볼까?

역사에 대한 인식

북한은 자기들 생존을 위해 핵을 개발하고 발전시키고 있다. 캐나다에서 우체국을 경영할 때 그곳 아르바이트직원이 필자에게 물어왔다. '왜 남북한은 통일을 못하고 서로 싸우고 있는가?'하는 것이다. 그래서 필자는 그 직원에게 '한반도(남, 북한)가 분단된 원인을 한번 돌이켜보아라. 강대국인 미국과 소련이 분단하지 않았는가? 그러면 결자해지(結者解之)라고 그들 강대국이 다시 통일되도록 해줘야 맞지 않느냐.'고 하였더니 고개를 끄덕인 것이다.

북한은 생존이 걸린 것이기 때문에 절대 핵을 포기하지 않을 것이다(김정일의 유언이기도 하지만).

북한 얘기가 나왔으니 또 한마디 해보자. 필자가 캐나다에 이민하기 전에 사업(?)을 한다고 중국의 선양(瀋陽, 만주 봉천)을 여러 번 다녀왔다. 한번은 북한 식당을 들른 적이 있었는데 거기에서 북한판 신문(신문이라기보다 호외 정도의 크기나 규모)이 있어서 읽어보았다. 필자가 지금까지 생각하고 있는 역사의식이 북한사람들과 똑같아서 깜짝 놀라고 충격을 받았다. 말인즉슨 조선왕조의 시조인 이성계가 위화도회군(威化島回軍)하여 현재 대한민국 영토가 고착화되었다고 논설하고 있지 않은가. 필자도 평소에 늘 그렇게 생각하고 있었는데 어떻게 북한사람들이 필자와 똑같은 생각을 하고 있는가?

사촌이 땅을 사면 배가 아프다

조선 후의 한반도가 이성계의 위화도회군으로 고착된 것은 주지의 사실이다. 그래서 필자도 캐나다이민을 하여 국가는 결국 영토가 넓어야겠다고 생각했는데 대한민국은 그나마 영토가 작은 국가인데 왜 반 토막이 났는지 돌이켜봤다. 지금의 한반도의 실정은 고려 말 윤관이 옛 고구려의 땅인 중국의 동북 삼성(길림성, 요령성, 흑룡강성)을 회복하자고 북벌을 주장하였으나, 이성계는 승산이 없다고 위화도에서 회군하여 현재의 한반도 지도로 고착화한 것이다.

　　신라의 삼국통일에 대해서도 한번 살펴볼까?

　　신라가 당나라와 연합하여 나·당 연합군으로 백제를 멸망시킨 후에 삼국통일을 하였다고 역사 교과서에서 배웠다. 그런데 왜 신라가 외세와 협력해서 같은 민족인 백제를 멸망시켰는가 하는 말이다. 차라리 백제와 연합하여 고구려 전체를 지배했다고 하면(당시 고구려는 지금은 중국 땅인 동북 삼성을 지배하고 있었으니까), 신라는 지금의 동북 삼성까지 영토를 넓힌 완전한 통일국가를 이룰 수가 있었을 것인데 하는 생각이다.

　　지금의 강대국이라고 하면 미국, 중국, 러시아, 캐나다와 같이 영토가 넓어야 한다. 아무리 경제력이 강해도 이스라엘과 대한민국이 강대국이란 말을 듣기는 어려울 것이다. 다만, 경제적으로 부유한 잘사는 나라라고는 인정해 줄 것이다. 신라가 그러하였다면 한국의 영토도 그만큼 넓어지고 강대국 반열에 설 수가 있고, 비아냥거리는 중국의 태도를 보지 않아도 되는 마음이 후련한 심정일 것인데 하는 것이다.

　　어렸을 때는 북한 그러면 빨갱이, 공산당, 도깨비 같은 사람들이 사는 곳인 줄 알았지만, 북한의 지식인이 어떻게 이런 역사의식을 하고 있을까 놀라울 뿐이었다. 그렇다고 필자가 북한을 동경하는 것은 하나도 없다. 그렇지만 역사를 정확하게 꿰뚫어 보고 상황판단을 하는 것이 아닌가 하는 생각이 들었다.

그런데 대한민국의 제3공화국 시절부터 역사 인식과 교육은 어떠한가? 필자가 중, 고등학교에서 신라의 삼국통일에 대해 배워왔다. 지금 생각하면 신라 출신의 김유신 장군은 가히 신적인 존재였던 것 같다.

그래서 이쪽 사람들의 피가 모두 훌륭하고 우월하고 영웅시되고 저쪽은 속된 말로 '병신', '쪼다'와 같은 사고를 심어주기 위한 것이 아닌가 하는 생각이 든다. 이런 말을 하면 영남인들은 호남인들이 피해의식을 가지고 있다고 말하는데, 그러면 왜 정말로 호남인들이 피해의식을 머릿속에 가지고 있는 것일까? 사실과 진실을 기초하여 말하고 있다.

필자가 젊었을 때 마음 아파하고 속상해한 것이 있다. TV의 연속극이나 방송 때, 깡패, 거지, 도둑놈의 신분은 항상 호남 말투를 쓴다. 그러면 영남인들은 모두 선비만 사는 세상인가? 그래서 회사 상사인 한 분은 본적(원적)이 호남인데 나중에 보니 본적을 서울로 바꿔서 사는 사실을 알았다. 왜 이랬을까? 공무원뿐만 아니라 일반 사기업에서도 그만큼 인사상의 불이익을 받았다고 볼 수밖에 없는 것이다. 이런데도 피해의식을 가지고 있다고 할 수 있나? 이 무슨 황당한 상황인가? 거짓말이 아니고 필자가 경험한 사실이다.

필자는 시시비비(是是非非)를 따질 때 양비론(兩非論)을 좋아하지 않는다고 하였다. 너도 잘하지 못하였고 나도 잘못했고 나도 잘하였고 너도 잘했다고 하는 말이다. 근본적인 원인제공이 분명히 있는데, 물론 보험 같은 돈으로의 환산 문제가 있는 경우는 그럴 수도 있지만 결자해지(結者解之)라는 말이 있듯이 원인 제공자가 결국은 해결해야 한다고 필자는 생각한다. 그래서 원인제공의 뿌리인 제3공화국의 후손들이 지역감정을 해결해야 한다는 것이다. 앞서 말한 지역감정의 3가지의 원인을 말이다.

역사는 물론, 승자의 관점에서 기술된다고 하나 지금 생각해 보면 왜 그

사촌이 땅을 사면 배가 아프다

렇게 교과서에서 신라의 삼국통일을 강조하고 중요하다고 가르쳤는지 다시 생각해 보고는 한다. 필자가 북한의 '조선왕조'에 대한 인식을 말했지만, 외국에서 거주하며 지내다 보니 나라는 역시 땅이 넓어야 하고 인구수도 적절한 밀도가 되어야 한다고 생각했다. 그런 측면에서 필자가 젊은 시절부터 항상 왜 고구려가 한반도를 통일하지를 못하였을까? 하는 생각이 들었다. 그러하였다면 지금의 동북 삼성의 땅이 모두 대한민국의 영토가 되었을 것이고 그만큼 국제적으로 큰소리치고 힘이 있었을 것인데 하고 말이다. 이성계가 지금의 한반도의 영토를 고착화하였다는 필자의 생각은 여전히 변함이 없다. 필자가 제3공화국 시절에 어린 시절을 보냈는데 학교에서 신라의 삼국통일을 왜 그렇게 강조하였는가 하는 말이다. 한반도의 전체도 아닌 절반(대동강 이남)의 통일을 두고 말이다.

물론, 현시대가 제3공화국의 연장이라고 말할 수는 없지만, 그때 배운 역사관이 머릿속에 자리 잡은 것은 사실이다. 현재는 그렇지만 과연 백년이나 이백 년 후에도 역사학자들이 그렇게 평가할까? 돌이켜보면 정말 당시 집권자가 사심을 품고 있었던 것이 아닌가 하는 생각이 든다. 아무리 북한이 세계에서 제일 좋은 체제에서 살고 있다고 알고 있겠지만 이것 또한 백 년이나 이백 년 후에 통일이 된다면 그때에도 과연 북한에 대해서 그렇게 평가할까? 역사가들은 분명히 사실관계에 대해서 바르게 평가할 것이다.

최근 보도에서 충청북도의 어느 곳에 전두환 전 대통령의 동상이 있다고 한다. 동상이라는 것은 역사적으로 훌륭한 사람(세종대왕이나 이순신 같은)을 몇백 년 뒤에 후대의 평가에 의해서 이분들을 존경하고 기리기 위해서 세워진다고 할 수 있다. 그런데 전두환 전 대통령의 평가가 제대로 이루어졌는가 하는 문제이다. 아직 광주민주화운동의 숙제가 풀리지 않았고, 그가 광주민주화운동으로 인해 사형선고까지 받았고 나중에 사면 되었지만, 그럼 국민적 존경을 받고 훌륭한 사람이라는 것인가?

동상이 국민적 합의에 의하지 않고 당시 본인의 요구에 따라서든지 아니면 제5공화국 이후에 세워졌다고 하더라도 이것을 어떻게 전 국민이 동의하느냐 하는 말이다. 광주민주화운동의 가해자들에 대한 단죄가 아직 이루어지지 않은 상황에서 동상을 보며 존경하고 흠모하라는 것인가? 그 앞에서 절이라도 하라는 말인가? 아니면 그분과 관련된 사람들이나 지역인들이 우월감을 가지고 생활하라는 것인가?

동상은 당대에 하지 않아도 훗날 역사가나 국민의 합의에 따라서 세워질 터인데, 무엇이 급하여 지금 굳이 만들고 세워야 하는 것인가? 광주민주화운동의 무자비한 진압을 하지 않았다는 것을 강요하고 있는 것인가? 제발 상식선에서 판단하자는 것이다.

지금이라도 잘못된 것은 바로잡고 광주민주화운동을 해결하는 차원에서 과거 및 현 정부는 어떤 것이 국민통합과 치유를 위해 옳은 것인지 생각해야 한다. 말로만 국민통합을 외치면 통합이 이루어지느냐 하는 것이다.

북한의 김일성과 김정일의 동상이 몇백 년 후에도 계속 유지될 수가 있을까? 결국 진실은 감춰질 수가 없고 그렇게 되지도 않을 것이다. 필자의 생각에는 지역감정의 뿌리는 제3공화국 시절부터 인위적으로 발생한 것이라고 했는데, 필자가 지역감정의 해소를 위해 앞에서 세 가지의 방안을 얘기하였다. 이런 뿌리 깊은 지역감정을 어떻게 해결해야 할까? 필자의 개인적인 의견으로는 원인을 제공한 측에서 해결해야 하지 않나 하고 감히 생각한다.

역사의 판단은 그 시대를 지나 거의 백 년 정도 후에 역사가들에 의해 기술되고 판단될 것이다. 그러나 사상부터 가르려고 하고 역사도 일부 왜곡시키고 물론, 역사는 승자의 기록이라고 하나 근래 정권이 전쟁을 통해서 획득된 정권인가? 민주주의적 방식에 의해서 성립된 정권이다.

코로나 문제

코로나에 대한 말이 나왔으니, 글을 쓰고 있는 시점이 코로나 상황이나 책 출간 후에는 코로나와 모든 사회문제도 해결될 상황일 수도 있다. 그런데 왜 지나간 얘기를 하나 하고 반문할 수 있는데, 역설하는 것이 과거의 상황을 돌이켜 보고, 혹시라도 잘못된 길을 걸었다면 지금은 반면교사(反面教師)로 향후에 더 잘하자는 것이다.

코로나가 2019년 11월경에 중국에서 발생(?)된 것으로 거의 모든 사람이 알고 있다. 방역이 쉽지 않은 상황이고 이것이 중국을 벗어나 전 세계로 번질 수 있다고 직감하고 있던 상황이었다. 그래서 각국이 중국인의 입국을 막고, 해외 입국자를 차단하는 등 특단의 조치를 취하는 상황이었다. 그런데 대한민국은 2020년 1월에 중국 및 해외 입국자들을 그대로 받아들였다. 이때 필자는 정치가나 경제학자 그리고 사회학자도 아니지만, 이런 생각이 들었다. '이것이야말로 대한민국이 망하는(?) 길로 들어서는구나.' 하는 생각이었다.

필자의 말에 대해 주변에서는 무슨 악담이냐고 하는데 결과를 보면 그렇지 않다. 수많은 자영업자가 폐업하고, 종사자가 해고되고, 경제가 언제쯤이나 회복이 될지 가늠할 수가 없는 상황이지 않는가. 왜곡되고 편협한 것이 아니고 현 상황을 있는 그대로 직시하자는 것이다. 그래야 향후에 이러한 일이 또 발생이 될지라도 잘 대처해 보자는 것이다.

코로나 시기에 정부가 방역 및 조치를 잘하였다고 생각한다. 그런데 필자는 다른 단락에서도 언급하였지만, 문제가 발생하면 그 원천을 없애야 한다고 말하였다. 중국 및 해외 입국자들을 막았더라도 일부 교회단체가 바이러스의 전파를 시킨 경우가 있어 방역 조치가 쉽지 않았을 것이다.

그러면 당시의 북한과 대만의 상황을 볼까? 북한이 중국과는 대한민국보다는 형제지간같이 가까운 사이라고 할지라도, 대만은 중국과는 같은 뿌리를 가지고 있지만 그때 빗장을 걸어 잠근 것이다.

그래서 결과는 어떠한가? 사실관계를 파악해봐야 하겠지마는 세계적으로 바이러스 백신을 맞지 않은 유일한 국가는 북한이라고 하지 않는가(물론, 북한에 대해서 유엔에서 발표한 내용이지만).

우리는 많은 자영업자가 폐업하고, 소득이 줄고, 경제적으로 고통을 받는 상황이 아닌가, 라는 말이다. 그래서 재난지원금을 지급하여 피해보상을 한다고 하는데, 이것이 자영업자들의 숨통을 살릴 수가 있는 것이냐 하는 것이다.

물론, 우리나라가 예산이 없어서 그런다고 하지만, 미국 같은 경우에는 필자의 친구가 '시애틀'에서 큰 뷔페식당을 운영하고 있는데, 그 친구의 얘기로는 정부에서 제공하는 코로나 지원금으로 미화 582,000불(한화 약8억 원)의 배당금액 중에서 250,000불(한화 3억4천만원) 정도를 지원받았다고 하였다.

대한민국과 미국의 상황이 다르긴 하지만, 재난지원금이 실로 '병 주고 약 주는 것'이 아닌가 하는 생각이다. 대한민국 정부가 지원하는 대출금 또한 몇천만 원 수준인데, 이것 또한 자영업자들의 빚이 아닌가?

그리고 코로나 방역 때문에 나라 빚이 1천조가 늘어났다고 한다. 숫자를 가늠하기도 어려운 금액인데 이것은 우리 세대 또는 후대까지 갚아야 할 빚인데 방역을 잘하기 위해서 했다고는 하지만 그야말로 천문학적인

사촌이 땅을 사면 배가 아프다

단위가 아닌지? 우리는 왜 대만과 북한 같은 조치를 하지 못했나?

필자가 좌파나 우파의 어느 진영도 아니고, 지금 누구를 평가하고 편을 들자는 것이 아니다. 그런 정책이 과연 국민을 위해 결정했다는 말인가?

혹시라도 결정권자가 사심이 있어서 그런 것이 아닌가 하는 것이다. 정치 상황에서 거의 모든 정치인이 국민을 위해서 한다고 하는지 과연 국민이 그렇게 생각하고 있느냐 말이다. 제발 국민팔이를 하지 않았으면 하는 것이다. 똑똑한 우리 국민은 모든 상황을 잘 꿰뚫고 인지하고 있으니까 말이다.

15장

정책 제안

카지노 사업

　여기에서 필자는 정책 제안을 하나 해볼까 한다. '카지노 사업'을 허가제가 아니고 신고제로 바꿔 자유롭게 하도록 하자. 이것은 일석이조(一石二鳥)의 효과를 이룰 수 있다. 남녀노소를 불문하고 고용증대 효과 즉, 일자리 창출, 세수 증대 효과, 관광객 증가를 이룰 수 있을 것이다.

　일부에서는 만약 카지노가 활성화되면 대한민국이 도박 공화국이 될 수 있다고 하나, 이것은 '구더기 무서워 장 못 담글까'라는 말과 같다. 또한 지하에 숨어있는 도박사업도 양성화시킬 수 있고 좋은 정책이다.

　카지노가 활성화되면 과연 대한민국이 도박 공화국이 될까? 그러면 우리보다 잘사는 캐나다, 미국, 마카오 등이 현재 도박 공화국인가? 그렇지 않다. 카지노에서 발생한 세수 확보를 통해 관리·감독하는 공무원도 늘리고 고용효과가 늘어날 것이다. 사실 관광객들이 대한민국에 와서 즐길 수 있는 놀이문화와 관광문화가 그리 많지 않은 것은 사실이다.

　중국인들이 대한민국에 한번 왔다 가면 대한민국은 볼 게 없다고 다시는 안 오겠다고 한다. 그렇다고 외국인들이 대한민국의 밤 문화에 입국하자마자 바로 적응하겠는가? 특히 중국인들은 도박(?)을 좋아한다. 카지노를 유치해 이런 관광객들을 붙잡아야 한다. 다시 찾아오게 해야 한다.

　한국인들은 무조건 지역이기주의와 집단이기주의로 반대하지만, 이것보다 카지노 사업 효과가 클 것이다. 허가를 내주면 돈 많은 사람이 더 많이

　사촌이 땅을 사면 배가 아프다

벌고 하는 것에 시기와 질투를 하지 말고 전향적으로 생각해 봐야 한다. 세수가 중대되면 관리·감독하는 공무원도 많이 늘어날 것이다. 절대로 남이 잘되는 것을 시기나 질투하지 말고 서로 배려하고 인정해주는 것이 필요하다.

다른 장에서 필자가 미얀마에서 근무하던 얘길 하였는데, 그때 미얀마의 군부(군부 집권 시대, 아웅산 수지 여사의 투쟁으로 잠시 민주화가 되었으나 지금은 다시 군부 쿠데타로 나라가 혼란한 상태) 쪽에 당신들도 태국과 같이 개방하는 것이 어떤가 하는 말을 건넸다. 그러면 나라가 부강하고 국민도 잘살지 않겠느냐는 것이다.

태국을 여행할 때 관광가이드가 여행객의 출신 국가별로 한 차량에 절대로 동승시키면 안 되는 민족이 있다고 하였다. 한국인과 일본인, 미얀마인과 태국인, 유럽의 어느 민족에도 있다는 것이다. 이들이 동승하면 결국 언쟁이 벌어진다는 것이다.

미얀마도 태국과는 지리적으로 맞대고 있어 역사적으로 서로 앙숙지간이다. 질문을 받은 미얀마의 권력자는 절대로 태국식의 개방은 하지 않는다는 것이다. 태국식의 개방이 무엇인지? 지금 한국인들도 동남아와 태국을 많이 관광하는데 무엇 때문에 미얀마의 군부는 태국 같은 개방은 하지 않는다는 것인지? '구더기 무서워 장 못 담근다.'라는 생각인지? 나라가 부강해지고 부유해지고 국민소득이 올라가면 좋은 것이 아닌가? 그러면서 군부 권력자들은 북한의 특각(特閣-특별별장)과 같은 시설을 지어놓고 이용하면서 즐기는데 국민은 그러한 생활을 하면 안 되는지?

담배 가격

   이 얘기는 제목의 건과 별개의 주제인데 일전의 대선 때 TV의 정치 패널들이 나와서 대담하는 것을 보면서 한심하다고 생각한 바 있다. 담뱃값에 대해 토론을 하고 있었는데, 대한민국이 담뱃값을 갑자기 올려서 외국의 담배회사들이 돈을 많이 벌어 당시 9,000억 정도의 수익을 올려 해외로 송금했다고 하였다. '외국의 담배회사들이 나쁘다(?)'라고 언급했다.

   그러면 이 사람들이 벌어들인 수익이 그들이 불법적으로 영업해서 그럴까? 아니다 우리나라가 정책을 잘하지 못해서 그런 것이다.

   필자가 캐나다에 거주할 때 우체국을 운영하였다. 캐나다 정부가 담뱃값을 올리니까 우체국을 통해서 담배 수입이 늘어났다. 지금 캐나다의 담뱃값이 아마도 한화로 10,000원 정도이니 흡연자로서 한 갑에 10,000원이면 엄청 비싼 것이다. 그래서 해외에서 심지어 대한민국 담배도 우체국 화물을 통해서 수입이 늘어나고 있었다.

   그러면 캐나다 정부는 이것을 그냥 보고만 있을까? 당연히 담배 수입 관세율을 대폭 올린 것이다. 그 당시 우체국을 통해 들어오던 담배 한 보루 가격이 50,000원이라고 하면 관세율을 올려 한 보루 가격이 거의 300,000원 수준까지 올려버린 것이다. 그러니 당연히 담배 수입이 줄고 캐나다 자국 담배만 팔릴 수밖에 없어 담뱃값 인상으로 발생한 수익이 고스란히 캐나다의 담배판매회사에 남게 되어 국부 유출을 막을 수 있게 된 것이다.

　대한민국은 이미 담배 수입을 자유롭게 해놓고 그렇다고 해외수입 담뱃값을 차등해서 올리지도 않고, 이것은 대한민국의 정책적인 실수이지 외국의 담배회사가 잘못한 것이 아니다.

독도 문제

앞서 이념적인 문제 종교적인 얘기를 잠깐 언급한 바 있는데, 우리와 일본은 도저히 가까워지고 화합할 수 없을 것으로 상황이 전개되고 있고 앞으로도 그럴 것이다. 이것은 이념적이라기보다는 역사적인 문제가 크다고 볼 수 있는데 서양, 이스라엘, 중동문제도 그렇다. 남북한도 마찬가지일 거다.

얘기한 김에 하나 더 살펴보자. '독도' 문제가 일본과 첨예하게 대립하고 있다. 일본은 독도가 자기네 땅이라 하고, 대한민국은 아니라고 하고, 해결될 기미가 없다.

우리나라가 독도가 일본 땅이 아니라 하고 대한민국의 고유영토라고 주장해봐야 일본은 땅이 물속에 잠겨가는 상황이고, 자연재해(태풍피해, 지진 등)를 생각할 때 독도는 절대 포기할 수 없는 영토이다. 즉, 목숨을 다해서 빼앗으려고 할 것이다. 영원히…

만약에 우리가 여기에서 밀려, 있을 수 없는 일이지만 독도를 빼앗긴다고 가정할 때 일본 스스로의 약한 점을 감추기 위해서라도 다음 주장은 아마도 울릉도도 자기네 땅이라고 할지도 모른다. 따라서 이러한 상황이 발생하지 않도록 적극적으로 대처해야 한다.

그러면 우리는 어떻게 대처해야 하나. 우리가 아무리 아니라고 해도 일본은 밀고 들어올 수밖에 없다. 왜냐하면 독도는 향후 그들의 생존권인

사촌이 땅을 사면 배가 아프다

것이기 때문이다. 그래서 부정적인(negative) 대응으로 이 문제에 접근하면 안 되고 우리도 적극적인(aggressive) 자세로 맞받아쳐야 일본에 대항할 수 있다고 생각한다.

그리고 일본의 약한 고리를 물고 늘어져야 한다는 것이다. 그러면 일본의 약한 고리가 무엇이라고 생각하나. 그것은 민족의 뿌리가 어디냐 하는 것이다. 역사적으로 나라 시대(지역)의 많은 유적이 한반도의 백제와 고구려의 문화가 유입되었다고 증명되었고, 아무리 일본이 아니라고 우겨도 부인할 수가 없는 것이다. 한국은 고조선이 뿌리라고 하지만 일본은 주장할 만한 근거가 없는 것이다.

필자가 한 가지 경험한 것으로는 회사를 퇴사하고 무역업을 하던 때였다. 일본인과 접촉이 되었는데 아시다시피 그들은 우리보다 영어 실력이 약해 영어로 의사소통이 어려웠다. 필자가 일본어를 모르는 상황에서 생각해 낸 것이 일본어도 한국어와 같이 한자를 많이 사용하므로 단어만 나열하면 뜻이 통할 것 같아서 아는 한자를 사용하여 대충 메일을 보냈다. 한두 번 메일이 오갔고 세 번째부터는 연락을 끊어버린 것이다. 한자를 사용하자니 일본인들은 뿌리를 생각할 수밖에 없고, 인정하자니 자존심이 상한 것으로 생각되는 것이다. 이 점이 일본인의 약한 부분이다.

문화도 도미노 이론의 영향을 받는다고 언급하였지만, 자신들의 뿌리가 비행기도 없던 시절에 한반도를 거치지 않고 중국에서 하늘을 날아서 일본 열도에 도착했다고 주장하기도 어렵고, 자존심 때문에 한반도에서 유입되었다고 인정하기도 싫고, 그렇다고 종교적으로 신이 일본인을 만들었다고 하기도 어렵고, 이것이 일본의 약한 고리이다. 그래서 우리가 이 점을 물고 늘어져야 한다는 것이다.

그런 면에서 우리도 대마도(쓰시마 섬)는 대한민국 땅이라고 일본 및 전 세계에 주장하는 것이다. 대마도는 대한민국이 역사적으로 실효 지배한 사실이 있고 역사적으로 제주의 해녀들이 대마도까지 가서 물질했다고 하므로 '아니다~ 아니다~'라는 대응으로는 안 되고, 반대로 대마도는 대한민국 땅이라고 적극적인 대응을 한다면 결코 해결이 쉽지는 않겠지만, 그렇게 해야 일본은 독도문제에 주춤할 수밖에 없을 것이고 대한민국의 주장이 먹혀들어 갈 수 있을 것이다.

사촌이 땅을 사면 배가 아프다

규제 혁신

요즈음 정권이 바뀔 때마다 규제 혁신이니 모래주머니를 없애느니 하는 얘기들이 나온다. 경제가 잘 돌아가게 하도록 국민이 느끼는 불편함을 제거한다는 의미인데, 최근의 경험담을 말해볼까 한다.

필자가 시골의 종손 출신이라 문중의 재산을 정리하기 위해 법무사사무실에 가서(자동차로 4시간 정도 소요) 재산을 정리하는 것으로 약속이 되어있어서 그 전주의 금요일에 서류를 구청에서 발급받았었다. 할아버지의 명의로 되어있는 문중의 재산이 아직 정리되지 않아서 필자가 손자임을 증명해야 했었다.

그래서 제적등본 발급을 신청하였는데, 여러 정황(제적 등본, 호적 등본, 가족관계증명서)을 종합하여 볼 때 할아버지의 손자라는 것이 확인할 수가 있었다. 그런데 구청 담당자는 필자가 외국 국적이라서 서류 발급을 못한다고 하였다. 모든 정황이 사실관계가 확인되므로 다시 한번 발급을 요구하였으나 거절하며 상사와 같이 상의하더니 역시나 안 된다고 하였다. 규정이 그러하므로 어쩔 수가 없다고 했다.

이런 상황이 말이 되느냐고 언성이 높아지자 구청 측의 답변은 형제 중에서 한국 국적인 자만이 발급대상이 된다고 하였다. 그래서 가까이 살고 있는 동생들에게 연락하여 해결하였다.

한 가지 더 최근 정부에서 일자리 창출, 화석연료 사용 지양 등의 소리를 내고 풍력 및 태양광발전의 사업을 독려하고 있다. 지방도로 주변의 경사면에 태양광이 설치되어 있는 것을 보고 필자의 사업장 주변에 고속도로가 생겨 담당 부처에 그곳에 태양광 설치에 대해 문의하였다. 답변은 주민 민원 등의 이유를 들어 불가하다고 하였다. 실로 '구더기 무서워 장 못 담근다.'라는 생각인 것이다.

요즘 대한민국의 어느 곳이나 민원 발생이 없는 곳이 없다. 무조건 지역주민들은 반대부터 한다. 그렇게 하여 한 푼이라도 이득을 취하려고 하는 것인지 이것도 제목과 관련이 있는 상황이지만 이해가 가지 않는다.

관련 부처는 어느 나라의 공무원인지 같은 부처로서 어느 곳은 가능하고 이곳은 안 되는지 이것이 규제 혁신 또는 모래주머니 제거를 하자는 것인지 생각해 보아야 한다.

이런 상황에서 어떻게 국민이 창의적인 사고를 창출해 낼 것인지 다른 장에서 교육을 말했지만, 서양은 정부나 학교 그리고 사회가 창의적인 사고를 할 수 있는 토대이고, 그렇기 때문에 '마이크로소프트', '구글', '페이스북'과 같은 세계 일류기업이 탄생할 수가 있다.

이것이 국민을 위한 행정인지, 그래서 복지부동이란 말이 있다고 생각하였다. 필자도 대기업에서 직장생활을 하였지만 이러한 경우에 간부로서 담당 직원에게 책임을 내가 질 테니까 원만하게 일 처리를 하라고 지시하였을 것인데, 민원 때문에 간부는 이러한 권한이 없는 것인지 아니면 무관심한 것인지, 담당 부처는 안 된다는 말만 되풀이하였다.

사촌이 땅을 사면 배가 아프다

북미의 골프장

한국인의 골프사랑은 다른 국가에 비해 열정적이라고 할 수 있다. 북미와 비교하면 골프 인구도 많고 그린피도 비싼 편이다. 필자도 골프가 좋아 캐나다에서 CGTF(canada golf teaching federation)의 자격증을 취득하였다.

이곳의 퍼블릭골프장은 당시에 그린피가 정규시간(Prime time)에 캐나다 화로 50불 정도며, 이 나라는 위도가 한반도보다 북쪽에 위치하여 백야현상(밴쿠버는 10시, 앨버타는 12시)이 나타나므로 여름에는 밤 10시까지 훤하다. 그래서 골프장의 그린피도 오후 3시(First twilight)에 골프를 시작하는 요금이 정규시간보다 저렴하고 오후 5시(Second twilight)에 시작하는 요금이 약 20불 정도이다. 늦게 시작하더라도 백야현상 때문에 18홀을 라운딩할 수 있다.

그리고 꼭 3인 1조나 4인 1조를 갖춰서 할 필요는 없고, 두 사람이나 혼자서 라운딩하여도 홀만 비어있으면 가능하다. 필자도 혼자서 여러 번 즐긴 적이 있다. 백야현상으로 인하여 북유럽권의 사람들은 자정까지도 스키골프를 할 수 있어 그곳의 사람들은 거의 프로급 수준이라고 한다.

북미의 사람들은 골프도 즐기는 수준이라고 할 수가 있다. 우리와 같이 연습장에서 열심히 연습을 할 수도 있으나 그린피가 저렴하여 필드에 나와 연습식으로 라운딩을 하는 사람들이 많고, 골프를 하는 도중에 진동 카트에 술을 가득 싣고 심지어 양주까지 마셔가면서 즐긴다는 것이다. 프로선수를 목표로 하는 사람들은 다르지만, 일반 골퍼는 그냥 즐기는 것이다.

한국의 그린피가 비싸서 어떻게 하면 저렴하게 할 수 있을까 하고 생각해 본 적이 있다. 북미와 같이 골퍼가 캐디에 의존하지 않고 직접 카트를 끌고 그늘집도 없애고 한다면 현재의 그린피가 절반 정도로 될 수가 있을 것 같다는 생각이다.

지금 코로나19 시기에 골프인구가 해외로 나가지 않고 국내에 머무르지만, 코로나19가 수그러들면 다시 해외로 많이 나갈 것이다. 따라서 전체 비용을 내리는 정책을 편다면 골퍼들이 해외로 나가지 않을 것으로 생각된다.

사촌이 땅을 사면 배가 아프다

한국식 영어 표현

영어 표현 외래어를 생각해 보자. 대한민국의 외래어 표현 중에 파이팅(fighting)이라는 단어가 있다. 원래 영어의 의미는 싸운다는 뜻일 것이다. 그런데 우리는 '파이팅'이란 말을 많이 쓴다. 외국인이 들을 때는 이상하게 들릴 것이다. 무엇이 그렇게 싸울 일이 많다는 말인가? 한국인 생각에서는 아마 이 단어를 '열심히 하자.'라는 의미로 사용하고 있는 것 같다.

외국어가 국내에 들어와 오랫동안 사용하면 자국어로 동화되어 사용될 수도 있다. '빵'과 같은 비슷한 의미의 발음이라도 해야 하지 않나 하는 생각이다. 국어학자나 사회학자들이 이런 표현을 순화하고 올바른 표현으로 사용되도록 해야 하지 않을까 생각한다.

한 가지 더 필자가 낚시를 좋아하여 캐나다에서 연어낚시를 많이 하였다. 원래 골프를 좋아했으나 연어낚시에 입문한 후로는 골프는 거의 끊고 낚시 철이면 매일 오후 늦게 낚시터로 달려갔다.

연어는 종류에 따라 부화장(hatchery)에서 방류한 것 중에 킹 새먼(king Salmon), 사카이(sockeye), 코호(coho), 첨(chum), 핑크(pink) 등 다섯 종류가 있다고 했다.

바다를 거쳐 강으로 올라오는 시기가 달라 거의 사계절 연어낚시를 할 수가 있다. 거기에서 연어를 '낚았다(잡았다)'라는 표현은 낚시꾼들이 낚시하면서 외칠 때 "피쉬 온(fish on)!" 하고 환호한다. 외치는 이유는 흐르는 강물에서 낚시하므로 바늘에 걸린 연어가 좌우로 요동을 칠 때 옆 사람의 낚싯줄과 엉키기 때문에 옆 사람이 빨리 피해달라고 하는 의미도 있다. 단어의 의미는 물고기가 낚싯바늘을 물었다는 것이다. 즉, 연어를 잡았다는 뜻이다. 그러면 주변의 낚시꾼들은 낚시를 거두고 서로 협력하며 지켜보는 것이다.

물론, 개념 없는 사람들은 이런 상황에도 낚싯줄을 거두지 않고 있다가 자신의 낚싯줄과 잡힌 연어의 낚싯줄이 엉키어서 연어가 바늘을 풀고 도망가는 경우도 있다. 필자도 이런 경험을 하였지만, 정말 낙심하고 허탈한 심정이었다.

한번은 '첨'이라는 연어 두 마리만 잡아서 집에 가져갈 수 있도록 규정한 강에서 낚시하고 있는데, 동양인(중국인 같은)이 단속 공무원의 눈을 피해 주차장이 아닌 구석에 주차를 하고 차 트렁크에 잡는 대로 그때그때 몰래 집어넣었다. 필자가 보기에도 이것은 아니라고 생각하였고 많이 민망한 상황이었다. 이 나라 사람들은 하지 말라는 것은 거의 하지 않는다.

이야기가 옆줄로 새었는데 필자가 귀국하여 '무슨 낚시를 어디로 갈까.' 하고 공부를 많이 하였다. 낚시방송도 보고 인터넷 검색도 많이 하였지만, 방송에서는 물고기를 잡는 순간에 '히트(hit)다' '히트(hit)'라고 외치는 것을 보았다. 필자는 저 말이 무슨 뜻인가 했다. 그 단어는 '무얼 때렸다.'라는 뜻인데 낚시꾼이 무엇을 때렸다는 것인가. 이해가 가질 않고 아주 어색한 표현이었다. 영어로 이 상황에서는 피쉬 온(fish on)이라고 표현하는데 한국말로 '잡혔다' 또는 '낚았다'는 단어도 있을 텐데 굳이 히트라는 표현을 하는 것을 보면 아마도 적절한 표현을 찾지 못하여 그랬을 것이라고 지금도 생각하고 있을 뿐이다.

어찌하였든 필자는 가끔 낚시하고 있으나 히트라는 표현은 입에서 잘 나오지 않는다. 그러면 그냥 영어권에서 사용하는 피쉬 온이라는 표현을

사촌이 땅을 사면 배가 아프다

사용하면 안 되는지, 우리의 생활에서 많은 영어 표현을 사용하고 있는데 말이다.

이런 상황은 필자가 아파트에 거주하는데 엘리베이터 안에서도 경험한 적이 있다. 아파트 엘리베이터에 탑승하는데 옆집 사람이 "안녕하세요?"라고 인사를 하는 게 아닌가. 이민을 하기 전에는 다른 사람과 이러한 인사말은 거의 없었다. 아마도 이웃 간에 친숙하게 좋은 하루를 보내라는 의미인 것 같다. 그런데 이 말과 같은 표현이 잘 나오지 않았다. 영어 표현에 비하면 일단 말의 음절이 길다. 음절이 기니 표현 자체가 어색하고 조금 민망한 것이다.

또 다른 외국어 표현에 대해서 말한다면 전 국민이 친숙한 핸드폰이다. 영어로 굳이 쓰자면 'Handphone'일 것인데 이 단어는 영어사전에도 없는 말이다. 영어권에서 정확한 단어는 줄임말로 '셀폰(cell phone)', '셀(cell)'은 '셀룰러(cellular)'의 줄임말이다.

외국어를 사용할 때는 한 번이라도 외국의 예를 살펴보든지 사전이라도 찾아보든지 해야 하지 않겠는가.

북한은 '주체사상'이라고 외래어 표현은 가능한 한 우리말로 사용하려고 애쓴다. 예를 들어 축구의 코너킥은 구석차기, 농구의 덩크슛은 꽂아넣기라고 한다. 표현은 조금 이상해 보이지만 이들은 자존심이라도 지키고 있다.

우리는 자존심이 강해 외국어를 그냥 사용하자니 굴종인 것으로 보이고 북한식으로 하자니 조금은 어색하고, 몇 년 전부터 유학 열풍인데 지금과 같은 글로벌시대에 이러한 표현도 정확히 사용해서 생활영어라도 배울 수 있게 하는 것이 어떤가 하는 것이다.

귀국하여 최근에 자주 듣는 말이 힐링(healing)이다. 방송에서도 힐링이라는 단어가 자주 나오고 주변에서도 많이 사용하는데 풀이를 하면 '치유하다'라고 해석할 것이다.

다른 장에서도 언급하였지만 한국에서 쓰이는 표현들이 영어단어를 사용하고 간판도 회사명도 영어단어가 많은 실정이다. 최근 조기유학으로 이러한 단어의 사용이 익숙할지도 모른다. 영어를 위해서 얼마나 많은 교육비가 투자되고 있는지?

싱가포르의 민족은 중국계이나 처음에 국가를 설립하고 모국어를 선택할 때 영어를 택할 것인가 중국어를 택할 것인가를 국민에게 물어서 지금은 영어를 제1 모국어로 사용하고 있다. 물론, 뿌리가 중국이니 중국어도 같이 사용되고 있다. 그래서 싱가포르인은 영어를 위해 북미에 유학하는 일이 많지 않다. 한국과 비교하면 유학비(교육비)를 많이 투자하지 않아도 된다.

그렇다고 싱가포르 고유의 언어와 문화가 사라지고 정체성까지도 없어지는 것은 아니다. 우리가 생각할 때도 싱가포르는 영어를 사용하지만, 미국인이 아니고 화교(華僑)라고 생각할 것이다.

캐나다의 밴쿠버는 환경 자체가 그러하니, 우기(雨期, 11월~3월)에는 매일 비가 내리니 하루, 아니면 몇 시간이라도 해가 뜨면 모두 거리에 나와 "하이(hi)", "굿모닝(good morning)." 하고 인사말을 건넨다. 그래서 우기가 아닌 맑은 계절에도 서로 만나면 하이, 굿이브닝(good evening) 하면서 지낸다.

처음에 필자가 이러한 말을 들었을 때 어떻게 처음 보는 사람에게 이런 말을 건네는가 하였다. 이전 필자의 한국적인 사고로는 받아들이기 어려운 상황이었다. 조금 어색하고 민망하였다. 그런데 이 사람들은 누가 시켜서 하는 것이 아니고 환경이 그렇게 하도록 만든 것이다.

표현의 음절도 간단하다. 그래서 처음 보는 모든 사람에게 이러한 표현을 하는 것이다. 진심으로 나오는 표현이다. '안녕하세요?'라는 표현이 조

사촌이 땅을 사면 배가 아프다

금 길어 입에서 안 나오면 영어 표현을 그냥 사용하면 안 되는가.

우리는 '안녕하세요?'라고 말할 때 보통 아랫사람이 윗사람에게 고개를 숙이면서 한다. 그런데 외국은 '하이(Hi)'라고 하면서 손만 흔든다. 따라서 인사를 하면서 고개를 숙이는 것이 조금은 불편한 것이 사실이다.

대한민국에서 엘리베이터 안에서 '안녕하세요?'라고 인사하는 것이 시골 동네에서 아침 일찍 어르신들을 뵐 때 '진지 잡수셨어요?', '잘 주무셨어요?' 하고 인사하는 것과 느낌이 다른 것은 무엇을 의미할까.

우리 사회의 많은 영어식 표현이 있는데 굳이 불편하고 어색한 표현을 해야 하는가 하고 생각이 든다.

앞에서 언급했지만, 증권시장에서 회사의 이름이 거의 모두 영어식으로 사용되고 있고 지금도 한국말 상호를 영어식으로 바꾸고 있다. 귀국하여 대한민국의 회사 이름을 보니 이 회사가 무슨 회사인지, 무엇을 하는 회사인지를 도무지 알 수가 없는 것이다. 예전에는 무슨 중공업, 무슨 건설 하면 회사와 상호가 일치되어 쉽게 이해할 수 있었다. 지금은 주식을 하다 보면 인터넷 검색을 하지 않으면 알 수가 없다.

이러한 영어식 표현은 필자가 알기로는 김대중 전 대통령 시대부터인 걸로 알고 있다. 당시 정부에서는 벤처사업을 육성하여 발전시킨다는 정책이어서 주식시장에 상장된 회사의 이름이 거의 영어식 표현이었다. 이러한 벤처회사들 덕분(?)에 주식시장이 활성화가 되다 보니 당시 거의 이런 회사의 주식을 맹목적이고 광풍적(狂風的)으로 투자하여서 주가도 많이 올랐다. 그러니 벤처회사가 아닌 일반 회사의 상호도 영어식으로 많이 바뀌었고 지금도 그러하다.

좋은 이름 상호도 많은데 굳이 이렇게 해야 할까? 회사에서는 이렇게 하여서라도 주가를 높이고 주식시장을 활성화한다는 측면도 분명히 있을 것이다. 그렇다고 국제화가 되는 시기에 우리의 것만 고집하고 있을 필요는 없다고 생각하나 진정한 창조적 발상은 아니라고 본다.

요즘 젊은 시대를 중심으로 많이 사용되는 단어와 언어를 살펴볼까? 많은 말과 단어를 줄여서 사용하고 있다. 영어의 단어 줄임 표현이 좋아서 그렇게 따라 하는 것으로 생각한다. 언어도 생성, 발전, 소멸의 과정을 거친다고 한다. 그런데 지금의 단어와 언어의 줄임말은 기성세대로서는 도저히 알아들을 수가 없고 이해하기도 어렵다. 무슨 퀴즈인 것 같다. TV 예능 프로에서 지금의 '신호등'이란 단어를 1930년대에는 '고스톱등'으로 사용하였다고 한다. 이렇게 의미가 같게 언어의 생성발전단계를 거친다는 것이다.

한 가지 더 TV 방송을 보니 자막에 '모미'와 '햄보칼' 단어가 나온다. 기성세대로서 이 단어가 무슨 말인지 모르겠다. 다른 사람도 마찬가지일 것이라고 생각되는데, 시청자가 이해를 못 할 것 같으니 밑에 단어 풀이를 해주었다. '모미'는 '몸이'를 소리 나는 대로, '햄보칼'은 '행복할'을 소리 나는 대로 표현한 것이라고 한다. 이것이 무슨 상황인지 이 단어가 언어의 생성이란 것인지 아무리 우리말을 줄여서 사용한다고 해도 이해가 가지 않는다. 한술 더 떠서 자막에 '사실이G'라는 표현도 나온다. 영어 표현을 그렇게 하고 싶어서 공공방송에서조차 '사실이지'의 끝음절을 영어 철자인 'G'를 사용해야 하는지, 이것은 실로 언어 파괴적인 것이 아닌가?

다른 방송에서는 '흡수 ing'라는 자막이 나온다. ing는 영어에서 동사의 뒤에 붙여서 진행형이나 동명사를 의미하는 것인데, 이것이 무슨 단어라는 것인지, '챌린지 ing'라는 자막도 나온다. 그리고 'GZ'라는 자막도 나온다. 이것의 의미는 '거지'라는 것인데 단어의 음절을 영문 철자의 앞뒤로 사용하고 있는 실정이다.

그러면 방송에서만 이럴까? 일간신문도 마찬가지다. '한정판 굿즈 컬래버 상품'이라는 표현을 사용하고 있다. 요즘 젊은 세대나 유학파들은 이해가 될지 모르나 그렇지 않은 사람은 어떻게 이해를 하라는 것인지. 필자의 젊은 시절에도 '니즈(needs)'라는 단어도 많이 사용하였다. 이럴 바에는 싱가포르와 같이 영어를 병행하여 사용하던지 이중적인 잣대가 아닐는지.

또 다른 표현 중에 'MZ', 'X', 'Y', 'Z'세대라는 말이 많이 사용되고 있다. 필자는 이것이 고등학교 시절에 생물 과목에 나오는 'XY 염색체'를 말하는가 하였다. '꼰대', '젊은 세대', '긴 세대' 등 우리말 표현을 만들어도 되는데, 굳이 영어로 표현해야 하는지 영어를 익숙하지 않은 사람들은 이 단어가 무슨 뜻인지 이해가 잘 안 될 것이다.

더 황당한 표현은 라디오 방송에서 진행자들이 버젓이 '갈비찜'을 '갈 투더 비 투더 찜(갈 to the 비 to the 찜)', '엠비씨'는 '엠 투더 비 투더 씨(엠 to the 비 to the 씨)'라고 말하고 있다. '파워 웍질'이란 자막도 나온다. 이것이 무슨 말인지 어느 나라 말인지 도무지 이해할 수가 없는 것이다. 영어를 사용하면 유식하고 품위 있게 보여서인지 아니면 뜻이 통하지 않아서 시대에 뒤떨어진다는 생각인지.

그러면 이러한 표현만이 있을까? TV에서 '美친 사랑', '美친 표현'이란 자막이 나온다. 이것이 맞는 표현인지 지금 모든 언어파괴 현상이 일어나고 있는 것이다. 다른 측면으로 한자를 사용하는 중국인들은 우리가 방송에서 이런 식으로 한자를 사용하는 상황을 어떻게 바라볼까? 요즘 방송에서 자주 접하는 유튜브(youtube)라는 표현이 있다. 앞에서 언급했지만 우리가 많은 것에서 영어표현을 사용한다고 했다. 그런데 이 단어만은 '너튜브'라고 표현한다. 우리가 여러 곳에서 영어표현을 많이 사용하고 있으니 이 단어는 그렇지 않게 보이기 위해서, 아니면 진실로 한글을 사랑한다고 보여주기 위해서인지 그냥 유튜브라고 하면 될 것을 '유(you)'라는 단어를 굳이 '너'라고 사용하는데 이것도 이중적 잣대라고 생각되는 것이다.

시아버지를 '#G'와 어린이집을 '얼집'으로 표현하면 지금 한류의 열풍으로 외국인들이 한국말을 배우는 현실에서 한글을 어떻게 습득하란 말인가? 외국인들이 한글을 배울 때 원칙이라도 있어야 하지 않나.

세종대왕님께서 무덤에서 깨어 나오지 않으시려는지. 이러니까 학생들에게 삼강오륜(三綱五倫)이 무엇이냐고 물으니 삼강을 한강, 낙동강, 대동강이라고 답하지 않느냐 하는 것이다. 또한 최근 초등학생들에게 '심심한 사과', '사흘간'이 무슨 뜻인가 물었는데, 제대로 답을 하지 못했다고 한다. 이러다 보니 요즘 기성세대와 젊은 세대와의 의사소통이 잘 안되고 기성세대는 신조어와 줄임말을 학교나 학원을 다시 다닐 정도로 별도로 배워야 하는 형국이다.

어느 신문논고에서 '한글 모르면 이해 못하는 초1 수학교과서'라는 글을 보았다. 국어를 모르니 수학 문제를 못 푼다는 말인 것 같다. 이렇듯 언어파괴 현상들이 일어나는데 어떻게 초등학생들이 정상적인 국어를 배울 수 있다는 것인가? 신조어를 배우기 위해 별도의 학원을 다녀야 하나?

다른 장에서 언급하였지만 북한 같이 영어에 해당하는 적절한 우리말을 생성하든지 싱가포르와 같이 영어를 제2외국어로 택하든지 한 번쯤 생각해 볼 문제다.

우리나라는 강대국이 아니고 국토 또한 작고 지정학적으로도 '끼인' 나라라고 할 수가 있다. 지금까지 경험한 바로는 미국이 강대국이고 잘 사니까 영어를 먼저 배우고 그다음에 일어를 배우고 또한 중국어를 배우는 등 강대국이 생길 때마다 외국어를 공부해 왔다. 다음에 소련이나 브라질이 강대국이 되면 그때에도 그 나라의 언어를 공부할 것이다.

결국은 한국이 강대국이 되어야 이러한 현상이 없어질 터인데, 다행히도 요즘은 한류가 유행하는 덕분에 한국어를 공부하는 외국인들이 늘어나는 것은 사실이다. 국민이 피곤하지 않으려면 나라가 부강하던지 한류

　　　　　　　　　　사촌이 땅을 사면 배가 아프다

가 전 세계를 주름잡던지 해야 할 것 같다.

우리말은 영어와는 달리 의미와 단어가 한자식 표현인 경우가 많다. 따라서 상형문자가 많이 있고 그러니까 단어의 음절 하나하나가 의미가 있고 뜻이 있는 것이다.

한자식 표현 중 '주자십회훈(朱子十悔訓)'을 한번 볼까? '소불근학노후회(少不勤學老後悔)'라는 표현이 있다. 풀이하자면 '젊어서 부지런히 배우지 아니하면 나이 먹은 후에 뉘우친다.'라는 것이다. 각각 칠 음절(七音節)이다. 여기에서 한 음절을 빼면 뜻이 통할까? 음절 하나하나가 뜻이 있고 의미가 있기 때문에 뺀다든가 줄이면 의미가 통하지 않을 것이란 얘기다.

하나 더 방랑시인 김삿갓(김병연)의 경우에도 여행 중 시골 서당에 방문하였는데 학생들은 몇 안 되고 선생님을 기다리는 상황을 풍자하여 '생도제미십, 선생내불알(生徒諸未十, 先生來不謁.)'이라는 글을 지었는데, 여기에서도 한 음절을 삭제한다면 뜻이 통하지 않는다는 것이다.

현재의 줄임말이나 영문 철자 사용은 언어의 생성과 발전 그리고 소멸 과정이 아닌 실로 파괴적일 수 있다는 것이다.

다른 단락에서도 말했지만, 대한민국은 미국과 선진국을 따라 하는 경우가 많다. 모방의 문화가 익숙해져 있다는 말이다.

모방에 관해 얘기하면 중국인은 가히 모방의 대가라고 할 수가 있다. 필자가 캐나다에 거주할 당시 여행 중에 모텔을 찾고 있었다. '마라다(marada)'라는 상호로 착각하여 유명한 프랜차이즈 모텔인가 하고 숙박하였다. 그런데 나중에 보니 중국인이 운영하는 '라마다(ramada)'라는 모텔이었다. 음절만 앞뒤로 바꾼 것이 아닌가? 속았다는 기분이 들었다. 그곳의 영어 표현 중에 중국인들이 모방하는 것은 여러 가지가 있다. 소비자들을 현혹하는 것이다. 그래서 중국의 제품과 상품 중에서 요즘 말하는 '짝퉁(가짜)'이 많은 것 같다.

한번은 중국인에게 물어봤다. 당신네는 왜 그렇게 남의 것을 모방하느냐고 물었더니, 원천기술이 없고 선진국의 기술을 따라갈 수가 없으므로 처음에는 모방이라도 해야 나중에라도 따라잡을 수가 있지 않겠는가 하는 것이다. 한편으로는 일리가 있어 보인다.

영어의 단어 표현이 길어서 줄임말을 사용한다는 것은 사실이다. 한 단어가 제일 긴 것은 30자가 되는 것도 있다. 영어단어를 줄이더라도 그 줄임 속에 단어의 의미와 뜻을 알 수 있게 한다는 것이다.

예를 들어 '예약(reservation)'과 같은 단어는 'rsvtn'으로, '프레젠테이션(presentation)'은 'prstn' 등으로 줄이더라도 대강의 뜻을 알아볼 수가 있다는 것이다. 그런데 필자가 방송이나 뉴스를 접하면 'pt'라는 단어를 사용한다. 뜻의 맥락을 보니 '프레젠테이션'을 그렇게 말하는 것 같다. 영어를 아는 사람들이라면 'prstn'이라든지 더 줄일 수가 있으면 줄여서 사용할 것이다. 처음 필자가 접할 때는 이것이 무슨 군대에서 '얼차려'를 받을 때 하는 'pt체조'인 걸로 알았다.

영어식 줄임은 첫음절과 끝음절을 모두 사용하여 알아볼 수 있게 한다는 것이다. 우리는 'pt'라는 표현을 사용하여 중간과 뒷부분을 싹둑 잘라버리는 줄임을 사용한다는 것이다.

오래전부터 느끼는 것은 운전하면서 도로의 표지판을 살펴보았다. 거기에 국어와 영문이 같이 표기되어 있다. 제1순환 고속도로 주변에 '한강'을 'Hangang Riv'로 표기가 되어있는데, '강(江)'은 영어로 'River'라는 것이므로 'Han-River'로 해야 하지 않는가 하는 것이다. 강북강변이나 88도로 선상에 동작대교 등의 다리 표지판은 영문으로 'Dongjack Dae Gyo(Br.)' 등으로 표기가 되어있는데, 대교라고 소리 나는 대로 영문표기를 하고 다시 Bridge(다리)라는 식으로 추가 표기가 되어있다. 대교라는 뜻을 굳이 번역하자면 'Great Bridge'라는 의미인데 요즘 해외 유학파도 많은데 한

사촌이 땅을 사면 배가 아프다

번이라도 자문하여 사용하든지 해야지 영어 표기 자체가 어설픈 영어 사용인 것 같다.

또 필자의 경험담을 말해볼까? 처음 이민 가서 캐나다인을 만나 대화를 하던 중 골프황제인 잭 니클라우스의 이름을 말하였다. 몇 번이고 잭 니클라우스를 말하였는데 캐나다인은 알아듣지를 못하였다. 나중에 오~ '잭 니클로스'라고 말하면서 알아듣는 것이었다. 영어의 'AU'는 우리가 철자대로 말하는 '아우'라는 발음이 아니고 '오'라고 발음하는 것이다. 영어 사전을 한 번이도 찾아보았으면 이러한 오류를 범하지 않았을 것이다. 우리가 '오스트레일리아'를 '아우스트레일리아'로 발음하지 않듯이 물론 영국식 발음과 미국식 발음이 다르지만, 현재 우리는 미국식 영어를 많이 배우고 있기 때문에 영어를 배우고 사용하는 사람으로서 대학까지 그리고 이민 가기 위해 열심히 영어 공부를 하였지만 이러한 사소한 것을 습득하지 못한 것이다.

지금도 필자는 영어를 사용하였던 사람으로서 이해하기가 어렵고 민망할 따름이다. 대한민국은 언어학자나 사회학자들이 이 부분의 정화를 왜 하지 않고 있는가.

그런데도 대한민국 사회는 많은 부분이 외래어화가 되는 것이다. 증권 시장에 상장된 회사들의 이름을 보면 영어 표현이나 영어 발음으로 되어 있다고 언급한 바가 있다. 거리의 간판도 역시 마찬가지이다. 이렇게 하면서 왜? 외국어를 터부시하고 자존심만을 고집하면서 한글만을 사용한다고 하는 것인지 생각해 볼 문제다. 한글 사용만 고집하더라도 제대로 된 이해 가능한 말을 사용해야 되지 않는가 하는 것이다.

책을 마무리하며

대한민국이나 캐나다 모두 장단점이 있는 것이다. 또다시 아무리 좋은 제도를 도입해도 그것을 잘 운용하느냐에 성패가 달려 있다.

제도는 잘 받아들이는데 실제 운용이 문제다. 제목에서 언급한 '사촌이 땅을 사면 배가 아프다.'라는 사고방식으로 수단과 방법을 가리지 않고 나만 잘되면 된다는 생각이 문제다.

책이 출간될 즈음에 앞서 언급한 정치, 경제, 사회문제가 모두 해소될 수도 있다. 그런데 우리가 지난 역사를 보고 미래를 예측하듯 반면교사(反面教師)로 생각하고 제목에서 말한 바와 같이 '사촌이 땅을 사면 배가 아프다.'라는 표현은 하지도 말고 생각도 말고 머릿속에서 지워버리자 하는 것이고, 사촌이 땅을 사도 격려해주고 축하해주며 또한 남을 배려하는 생각을 가지고 행동하면 여러분들의 삶이 행복할 수 있고 더불어 사는 사회가 되지 않을까 생각한다.

그래서 금세기 말에 대한민국이 세계에서 사라지지 않고 영원한 선진국으로 발전하게 되기를 기대해 본다.

이왕 캐나다에 대한 말이 나왔으니, 귀국하여 지인들을 만났는데 대한민국과 캐나다와의 차이는 무엇이 다르냐고 질문을 많이 받았다. 단적으로 비교하기는 어렵지만, 필자는 지금도 이렇게 대답하고 있다. 캐나다는 '재미없는 천국' 대한민국은 '재미있는 지옥'이라고 말이다. 이것은 아마도 밤 문화와 한국인 DNA 차이인 것 같다.

필자의 돌아가신 아버지께서 '사주불여관상, 관상불여심상(四柱不如觀相, 觀相不如心相)'이라는 말씀을 가끔 해주셨다. 즉, 사주가 사람의 관상만은 못하고 관상은 사람의 마음씨보다 못하다는 것이다. 그래서 우리가 마음과 머릿속에 어떤 생각을 가지고 살아가느냐가 제일 중요하다는 것이다.

글을 쓰다 보니 제목과 다른 얘기도 있지만 독자들이 이해해 주시길 바란다. 책에 기술된 것 말고도 북미 사회와 우리와 다른 점이 일일이 비교할 수 없도록 많이 있으나, 이렇게 하면 한국 사회의 비난이 될 것 같고 지면상으로 모두 설명하기도 어려워 이만 줄인다. 책 제목에서 말하듯이 모두가 '사촌이 땅을 사도 배가 부르고' 그래야 혹시 속된 말로 떡고물이라도 생기지 않겠는가?

남을 배려·이해하고 상대를 인정하며 힘 있고 강한 자가 약한 자를 포용하고 보살피는 마음으로 살아간다면 희망차고 행복한 세상이 되지 않을까 하여 이 글을 써 본다.